W0382426

L'EXPLICATION

DU MÊME AUTEUR

Comme il a dit lui, Lattès, 1998.

Y. B.

L'EXPLICATION

Roman

JC Lattès

© 1999, éditions Jean-Claude Lattès.

« Qu'ils se méfient
de la seule étoile qui
se fond dans la nuit
[...] Obscure
la force est noire
comme le château
où flotte l'étendard
notre drapeau
Sois sûr
que sous les feux
la vérité est masquée
Viens
bascule de notre côté
obscur. »

IAM, L'empire du côté obscur.

Première partie

Ez-zâhir
(l'apparent)

1

Le 29 juin 1992, à Annaba, le président Boudiaf était assassiné d'une longue rafale de pistolet mitrailleur — un Beretta 9mm parabellum. Actuellement détenu à la prison militaire de Blida, l'auteur de l'attentat, un dénommé Lembarek Boumaârafi, sous-lieutenant du Groupe d'Intervention spéciale, avait été affecté ce même 29 juin à sa sécurité. Dès le 4 juillet 1992, une commission nationale d'enquête fut installée par le Haut Comité d'État — instance collégiale présidée par feu Boudiaf et qui gouvernait alors le pays — afin de déterminer les motivations du sous-lieutenant Boumaârafi, son rôle dans un éventuel complot, voire son état mental dans l'hypothèse d'un acte isolé. Le rapport de la commission fut pour le moins indigent : il ne contenait ni instruction judiciaire, ni avis d'experts.

En revanche, très vite, l'examen psychiatrique vola au secours de la thèse de l'acte isolé : les médecins établirent un cas de régicide, commis froidement par un individu qu'ils qualifièrent « d'idéaliste passionné ». L'un des psychiatres accorda à la presse un entretien dans lequel il décrivit complaisamment les mécanismes mentaux des régicides, leurs motivations, ainsi que les conditions favorables à un éventuel passage à l'acte, citant Ravaillac et quelques autres grands noms entrés au Panthéon du meurtre gratuit. Cependant, toute caractérisation extrême fut d'emblée écartée, car Boumaârafi n'avait pas été poussé au meurtre par une psychose hallucinatoire chronique, liée à un quelconque fanatisme religieux ou autre — même si de son côté la commission tenta de lui inventer des sympathies islamistes qui ne convainquirent personne. Lorsqu'on lui posa la question de ses liens supposés avec l'intégrisme, le sous-lieutenant lâcha : « Ce ne sont pas des barbus en djellaba qui auraient fait ce que j'ai fait. » Il est vrai que nous n'étions qu'à l'aube du conflit et que la stratégie terroriste cherchait encore ses marques.

Aussi, selon les experts, le profil du « régicide par passion » collait-il parfaitement au cas Boumaârafi. Exempt de toute pathologie psychique, il aurait été mû par un sentiment de pseudo-altruisme mêlé à une surestimation de son ego et à la conviction d'être investi d'une mission. Mais ce syndrome du justicier, classifiable dans l'obscure famille des paranoïas, ne relevait pas à proprement parler de la psychiatrie. Le sujet concerné, observant le monde à travers l'éclairage exclusif d'un postulat fondamental, devait être considéré comme responsable de ses actes et, en conséquence, passible auprès de la justice des mêmes peines encourues par un individu mentalement sain. En juin 1995, Boumaârafi fut condamné à la peine capitale.

Parallèlement, il y eut de nombreuses arrestations effectuées dans la plus grande discrétion, des condamnations, mises à la torture et liquidations physiques des officiers du GIS ou de la Sécurité présidentielle présents à Annaba le jour de l'assassinat. Nous arrivions ainsi à ce saisissant paradoxe où un acte isolé semblait avoir bénéficié de la complicité des services au sein desquels, curieusement, seuls des officiers de second rang et des sous-officiers étaient mis en cause. Nous venions d'inventer le « complot subalterne ». Les seuls cadres supérieurs condamnés furent les commandants Hadjeres et Hammou, respectivement à la tête du SSP et du GIS ; à l'issue de la reconstitution à la Maison des jeunes, ils furent, à leur grande surprise, délestés de leurs armes, arrêtés puis placés en détention. Au-delà de ce grade, nous pénétrions dans le *no man's land* peuplé en son sommet par le ténébreux collège des généraux algériens dont, comme l'on pouvait s'y attendre, aucun des noms ne fut cité dans l'affaire. En tout, plus d'une vingtaine de personnes furent éliminées, sans que jamais soit révélée la véritable identité des commanditaires.

Je reviendrai sur ces faits plus tard, étant entendu que le récit qui va suivre a, entre autres objectifs, celui de faire la lumière sur cette affaire — lumière bien éloignée des éléments qui ont déjà été jetés en pâture à l'opinion publique — et, à travers cette affaire, de révéler une vérité bien plus vaste encore. En effet, ce que j'ai à dire a finalement peu à voir avec l'Algérie elle-même. Et si on attend du vrai qu'il soit vraisemblable, alors sans doute mon propos ne satisfera-t-il que peu de monde. Puisse-t-on aussi ne pas attendre de moi des preuves indiscutables, et ce pour des raisons que j'essaierai d'exposer le plus clairement possible. Ce qui m'importe, c'est de n'avoir plus à garder par-devers moi ce qu'il m'a été donné de savoir.

Je me souviens ainsi de soirées à Alger, en compagnie d'amis journalistes, tous plus informés les uns que les autres : chacun y allait de sa version sur les luttes de clans entre généraux, brossait l'état des tractations entre l'armée et les islamistes, avant de conclure par un bilan de la situation sécuritaire et un peu de prospective politico-économique. Je me souviens surtout de cette soirée où j'interrompis l'un d'eux en brandissant un quotidien : une dizaine de bergers, âgés de douze à seize ans, avaient été massacrés à l'ouest du pays ; crime sans raison par excellence, puisque leur troupeau avait été retrouvé intact. Je lui demandai s'il avait une explication. Il y eut un court silence, puis nous changeâmes de sujet.

Aujourd'hui encore, depuis mon exil parisien, je reste convaincu qu'une seule question vaut d'être posée : comment le meurtre au nom de Dieu a-t-il fait du meurtre le nouveau Dieu ? Pourquoi, après les objectifs militaires et policiers, la cible du terrorisme s'est-elle élargie à tout être humain vivant sur le sol algérien, hommes, femmes, vieillards, enfants, jusqu'aux fœtus qui n'échappent pas aux mutilations ? Mon propos est le suivant : l'enjeu dépasse la simple conjoncture algérienne et fait appel à des degrés de conscience supérieurs et universels qui n'ont que peu à voir avec la pure sphère politique. Avant de pénétrer ce monde qualifiable de « parallèle », il m'a semblé que l'assassinat de Boudiaf constituait un point de départ recevable — si tant est que l'on puisse attribuer un point de départ à l'enfer vécu chaque jour par les gens d'Algérie. Cet assassinat est *tous* les assassinats ; il met en scène les quelques hommes qui forment ce que j'ai fini par appeler le Cabinet noir, ce centre occulte du pouvoir réel en Algérie. J'eus affaire à l'un de ces hommes durant la nuit du 5 au 6 novembre 1997. Et depuis, cette nuit ne s'est toujours pas dissipée.

J'étais alors porté disparu depuis le début de l'après-midi et ne devais réapparaître que le 8 au matin, dans les locaux du siège de la Sûreté du Gouvernorat du Grand-Alger — autrement dit, le commissariat central, siège de la Police judiciaire. Cette disparition fit la une de tous les journaux, notamment celle du *Soir d'Algérie* du 6 novembre qui écrivait : « Le chroniqueur du quotidien *El Watan* n'a plus donné signe de vie depuis hier mercredi. La dernière fois qu'il a été aperçu, c'était au Palais de justice. La disparition de Yassir Benmiloud, plus connu sous l'acronyme de Y.B., l'auteur de "Comme il a dit lui", chronique quotidienne paraissant en dernière page d'*El Watan,* suscite une vive inquiétude au sein de la corporation. Il s'était rendu au Palais de justice pour assister à l'annonce du verdict d'une affaire concernant son directeur de publication, Omar Belhouchet. Ce dernier s'est d'ailleurs vu notifier une convocation en fin d'après-midi au siège de la Sûreté du Gouvernorat du Grand-Alger pour fournir des explications à propos d'une des dernières chroniques de Y.B., publiée dans son journal. L'avocat du titre en question, maître Bourayou, a affirmé aux environs de 21 heures que les services de police avaient déclaré ne pas avoir procédé à l'interpellation de Yassir Benmiloud, d'où la profonde inquiétude de sa famille et de ses collègues et confrères. Tous s'interrogent sur ce qui s'est passé hier aux environs de 14 heures au Palais de justice. »

Ils avaient grillé mon pseudonyme comme si j'étais donné pour mort.

Le même jour, en France, on pouvait lire dans *Le Figaro* sous la plume de Thierry Oberlé : « Après avoir muselé la rue et les députés de l'opposition, le pouvoir s'en prend désormais à la presse privée, fer de lance de la contestation post-électorale. Ce matin, la chronique de Y.B., l'électron libre de la presse algérienne (nos éditions du 30 octobre), n'est pas parue. L'espace occupé d'ordinaire par son billet d'humeur en dernière page du quotidien *El Watan* était barré d'un trait noir et d'un titre : "Il ne dira rien. Y.B. a disparu depuis hier." [...] Le 29 octobre, il avait osé attaquer nommément le président Zeroual ainsi que deux piliers du pouvoir, le conseiller du Président et le chef de la fameuse Sécurité militaire. [...] Les intéressés ont peu apprécié. Y.B. se doutait qu'il risquait de sérieux ennuis. Sa dernière chronique publiée mardi avait pris la forme d'un dialogue fictif entre l'opposition et le pouvoir. Il écrivait :

— [...] Vous faites quoi exactement comme travail ?

— Je vous laisse vous exprimer jusqu'à une certaine limite.

— Quelle limite ?

— Celle que vous venez de franchir.

— Qu'est-ce que je risque ?

— Au pire la prison, au mieux la mort.

— C'est quoi la mort ?

— C'est une prison à vie sans barreaux [...]. »

Suivirent *Le Nouvel Observateur, Le Canard enchaîné, Le Figaro, Libération, Le Monde* et *L'Événement du Jeudi,* qui firent suffisamment de bruit autour de l'affaire pour attirer l'attention d'un éditeur parisien voulant publier un recueil de mes chroniques. Le Département d'État de Washington, par la voix de son porte-parole James Rubin, se fendit également d'un communiqué d'un rare autoritarisme, rappelant à l'ordre le président Zeroual, chef de l'État d'un pays pourtant « souverain » et particulièrement chatouilleux sur toute forme d'ingérence — mais avant tout lorsqu'elle est française ou européenne, il est vrai. Le Département d'État, dont le soutien au pouvoir algérien ne s'était jamais démenti jusque-là, rappela que « le président Zeroual (avait) promis de respecter la liberté d'expression dans son discours inaugural, après son élection en novembre 1995 ». Naïveté feinte, semonce sérieuse.

Moins d'un mois après avoir réapparu et

répondu à deux interrogatoires de la PJ, je prenais l'avion pour Paris. L'affaire n'eut pas de suite, pour des raisons que j'aborderai plus loin et qui choqueront sans nul doute les lecteurs, citoyens et associations nationales et internationales — International Federation of Journalists, Committee to Protect Journalists, World Association of Journalists, etc. — qui s'étaient mobilisées pour réclamer ma libération et la levée de l'année ferme requise à l'encontre de mon directeur dans le cadre d'une autre affaire qui se télescopait avec la mienne. Une seule association, Reporters Sans Frontières — qui n'a jamais cru un instant à l'indépendance de la presse algérienne —, ne fut pas dupe, mais plus par automatisme idéologique qu'en connaissance de cause.

Dans la préface en forme d'entretien du recueil de mes chroniques paru en France le 11 mars 1998, je répondais aux questions de Thierry Oberlé. J'éludais avec une certaine malhonnêteté la question de ma disparition et me posais exclusivement en militant de la liberté d'expression — ce qui allait me valoir le prix Rachid Mimouni 1998 —, victime heureuse d'un pouvoir gêné aux entournures par l'impact médiatique de mes frasques, impact démultiplié par la présence à Alger de deux cents journalistes étrangers venus couvrir les élections locales, grossièrement truquées, du 23 octobre. Étant devenu par trop encombrant et emblématique de la jeune presse algérienne, il apparaissait difficile de m'incarcérer, tout comme il aurait été de mauvais goût de m'abattre. Tout le monde s'accorda alors à penser que ma condamnation était tout simplement invendable politiquement... et nul ne vit l'imposture. Pas même moi au début.

Comment, du haut de mes vingt-sept ans et de mon ignorance absolue des mœurs « parapolitiques » algériennes, pouvais-je imaginer qu'en intégrant *El Watan* à l'automne 1996, à l'issue de trois années qui avaient vu tomber soixante-dix confrères sous les balles terroristes, j'étais devenu le journaliste le plus protégé du pays et, qu'en haut lieu, quelques personnes me suivaient de près, soucieuses de promouvoir mon travail, ma crédibilité, ma popularité ? Comment pouvais-je savoir que la virulence de mes propos était souhaitée, et que le Cabinet noir travaillait subtilement à l'exacerber ? Il m'aurait pourtant suffi d'aligner tous mes écrits depuis une année pour réaliser que j'avais étrangement échappé à nombre de poursuites potentielles pour diffamation, outrage à corps constitué, appel à la désobéissance civile. Mais j'étais sans doute trop absorbé par ma « mission », enivré par cette écriture messianique sur le fond, anarchiste de forme qui se confondait tellement avec ma vie quotidienne. J'étais dévoré par une passion qui donnait un sens inespéré à ma vie et devenait la seule réalité existant à mes yeux ; je naviguais dans un univers théorique.

Toutefois, lorsque je rencontrai mon éditeur dans le non moins virtuel Saint-Germain-des-Prés, je n'acceptai de signer le contrat du recueil qu'à la condition qu'il prît une option sur un livre que je m'engageais à écrire dans l'année. Ainsi mon propos serait-il complet, lui dis-je. Je tenais à consigner des faits extrêmement précis concernant ce que j'avais abordé jusque-là sous une forme journalistique, brève et satirique : la nature du pouvoir algérien, sa part de responsabilité dans les massacres de civils, les assassinats politiques et les manipulations en tout genre orchestrées par le Cabinet noir. J'avais alors en ma possession des documents qui allaient de témoignages divers, de notes confidentielles internes à la DRS (l'ex-Sécurité militaire), de listes de noms *in* et hors organigramme à des enregistrements d'écoutes téléphoniques, en passant par des cassettes vidéo d'interrogatoires — dont celui de Boumaârafi avec, derrière la caméra, le « régisseur » de l'assassinat de Boudiaf. Bref, le rêve de tout journaliste d'investigation en quête du Pulitzer.

Le jour de mon départ, un 3 décembre, mon butin en poche, j'avais affaire à un ultime obstacle : la police des frontières algérienne m'avait interpellé en exhibant un mandat d'arrêt daté du 17 novembre — date à laquelle mon affaire était déjà classée, mais qui coïncidait avec celle de la réservation de mon billet d'avion. On m'avait placé dans une cellule de la zone internationale où j'avais dû me prêter à une fouille complète. Je m'étais laissé faire sereinement — et pour cause... Lorsque je fus libéré, le commissaire de l'aéroport m'avait conduit à la salle d'embarquement et souhaité un agréable voyage en ces termes : « Tu n'es pas obligé de revenir. » J'ai évoqué cet épisode dans la préface du recueil, mais je me suis bien gardé de citer la phrase complète ; celle-ci s'achevait par : « Et surtout, fais un bon usage de ce que tu as dans ton sac. »

Pourquoi ne m'a-t-on pas pris ces documents et m'a-t-on de plus encouragé à les exploiter ? Pourquoi, une fois à Paris, ai-je fini par détruire tous ces éléments et renoncé à rédiger le livre prévu ? Pourquoi ai-je anéanti cette opportunité inespérée d'œuvrer afin qu'à terme l'affaire algérienne soit portée devant la commission des droits de l'homme de Genève et, pourquoi pas, devant l'ONU, seule et unique institution à même, à terme également, de mettre fin au cauchemar ? Après mon premier interrogatoire dans les locaux de la PJ, alors que la presse gouvernementale évoquait à mon propos une disparition volontaire en forme de coup médiatique, je notais dans une chronique datée du 11 novembre : « Écrire sur des personnes publiques peut vous amener à en devenir une vous-même. Alors, à votre tour, vous lirez des écrits vous concernant. Vous y trouverez des soutiens, des soutiens critiques, des critiques et des attaques. Bref, des opinions sur un délit d'opinion. Et là, une première évidence s'impose : tout le monde a son opinion sur une réalité. Et à aucun moment la réalité ne dit son nom. Il est peut-être trop tôt. Ou trop tard [...]. » Ces mots n'étaient adressés ni aux lecteurs, ni aux confrères. Aujourd'hui, je sais qu'il était trop tôt *et* trop tard. Je n'étais pas l'homme de la situation. Je ne pourrai jamais « nommer cette réalité » avec toutes les précisions nécessaires, et tout ce qu'il m'est désormais possible de faire, c'est en suggérer, de la manière la plus minutieuse possible, le contenu. Je ne me fais aucune illusion. Je n'ignore pas que je n'y sauverai ni mon âme, ni les miens. J'entreprends un travail que je sais déjà voué à l'échec. Et cet échec ne sera total qu'une fois assorti d'une explication.

La voici.

2

Pourquoi n'étais-je pas l'homme de la situation ? Parce que je ne l'avais jamais été. Mon itinéraire personnel fut de tout temps calamiteux ; et ma résistance aux légères secousses d'une existence somme toute tranquille, nulle. Toutefois, au moins en trois occasions, je devais me révéler capable de fulgurantes performances : je préparai et décrochai mon bac avec mention en dix jours malgré un seul trimestre de présence aux cours, obtins mon permis de conduire du premier coup, et échappai au service militaire sur présentation d'un dossier médical. Le palmarès vaut ce qu'il vaut, mais il est mien.

Du bac à mon entrée à *El Watan*, dix années riches en savoureux ratages s'écoulèrent. Je tiens à évoquer ou, à tout le moins, à survoler cette période afin que ce qui me tient lieu de personnalité apparaisse avec clarté, puisse rendre lisibles les événements complexes qui vont suivre, et qui pour l'essentiel, en tout cas pour leur dénouement, seront intimement liés à l'imprévisible facteur humain.

Je dois cependant confesser que ce succinct exercice autobiographique ne m'est pas aisé. Je crois que je n'ai, en quatre ans de presse, jamais écrit à la première personne du singulier ; et ce, pour une raison purement religieuse. Je suis resté marqué par mon passage, adolescent, dans un mouvement piétiste et prosélyte appelé le *Tabligh*. J'y côtoyai notamment mon frère Youssef, de huit ans mon aîné, futur vétéran de l'Afghanistan — un dérapage politique qui lui vaudrait d'y laisser une partie de sa santé et la totalité de ses utopies spiritualistes au contact des réalités matérialistes de la CIA. Ironie de l'histoire, il vit aujourd'hui à Los Angeles et est interdit de séjour en Algérie où l'islamisme offre pourtant plus de débouchés qu'en Californie.

Les diverses règles prônées par le *Tabligh* allaient du rituel de la toilette intime à la bonne manière de se comporter au jour du jugement dernier, en sus d'une pointilleuse éthique sociale, économique, culturelle mais surtout pas politique. Lors des premières élections pluralistes en 1990, le *Tabligh* appela à voter contre le FIS, considérant que l'islamisation de la société devait se faire de la base vers le sommet, et non pas l'inverse — qui se révélerait désastreux pour l'islam et les musulmans. Parmi les nombreux commandements de cet ordre rigoriste, j'ai toujours gardé en mémoire celui-ci : *Aoûdou bil'lah min' kalimat' anâ,* que l'on peut rendre par : « *Puisse Dieu me préserver de l'usage du je.* » Cela m'est resté et explique sans doute ma résistance.

Néanmoins, en la circonstance, la première personne du singulier s'impose pour évoquer ces années où tout ce que j'entreprenais tournait invariablement à l'échec, voire au désastre. À dire vrai, cela n'a pas fondamentalement changé depuis, mais l'époque était innocente et les enjeux dérisoires.

J'avais dix-huit ans et j'étais frais émoulu du lycée français d'Alger — ultime promotion avant les émeutes populaires d'octobre 1988 qui furent aussitôt suivies de la fermeture de cette survivance française aux exotiques fragrances coloniales. Une histoire se fermait, une autre s'ouvrait. Entrant harmonieusement en dialectique avec mon *background* islamique somnolant, ma formation intellectuelle à l'école de la république française s'appuyait sur Descartes — éponyme du lycée, sans doute hyperbolique. La voie s'annonçait royale vers la conscience de soi : un soupçon de scepticisme académique et une pluie de rationalisme que je découvrais aussi étincelants que la dent en or du Fontenelle centenaire hantant le Lagarde et Michard. Le tout dans un environnement bourgeois et francophone, où des enfants de diplomates et coopérants européens de l'Est et de l'Ouest, québécois, africains, chiliens, côtoyaient des Algériens qui constituaient la majorité des troupes. En dehors du lycée, mon professeur de piano était soviétique ; mon maître de judo, un pied-noir italien qui parlait couramment l'arabe. On s'attachait à ce tout-monde, et lorsque je dus le quitter pour entamer des études dans l'Algérie réelle, « démocratique et populaire », l'atterrissage fut catastrophique.

Alger était toujours aussi indolente, blanche et dionysiaque, mais son université était un cloaque où tout manquait, sauf la tentation intégriste : *hidjabs* à perte de vue, duvet sur le menton des hommes nouveaux appelant Dieu à régner sans délai. Malheureux mais prévisible aboutissement d'une scolarité vouée à la glorification de la révolution agraire, de l'industrie industrialisante, de l'islam islamisant, le tableau était noir : archaïsmes à tous les étages, raison paramagique, mixité tendue et névrotique, schizophrénie identitaire. Une bonne graine de guerre civile. Mon cursus universitaire dura quarante-huit heures. Je m'étais inscrit en licence d'anglais à l'Institut des Langues étrangères, situé sur les hauteurs d'Alger, à Bouzaréa. Le campus — poussière, gravier, mauvaises herbes et pénurie d'eau — était une ancienne caserne de transmission. Les miasmes et remugles des W.C. bouchés et stratifiés des fèces solidifiées de plusieurs générations d'étudiants — et de bidasses ? — embaumaient les couloirs sinistres où nous évoluions comme des ombres, en l'absence de toute signalétique à même de faciliter les formalités d'inscription. Mon premier cours porta sur un poème de l'Américain Robert Frost, intitulé *Nothing gold can stay.* Les débats eurent lieu dans un créole francarabe qui me laissa rêveur. Le niveau d'anglais, quant à lui, plafonnait à la deuxième année du collège. Je maudissais mes comparses du lycée Descartes, partis par le premier avion étudier en Europe — ce qui était hors de portée de la bourse de mes géniteurs, et à plus forte raison de la mienne. Je découvris rétroactivement la différence entre bourgeoisie universitaire et bourgeoisie d'affaires ; il y avait deux catégories de « cartésiens », j'étais dans la mauvaise.

Je claquai la porte de l'université et, pour la première fois, ouvris celle d'un bar. Je m'embarquai alors dans une exploration avide et en roue libre de ma ville, la dévisageant pour mieux m'envisager, m'encanaillant dans ses quartiers chauds, me félicitant d'avoir quelques amis *dealers* à Bab-el-Oued, évitant soigneusement de me montrer à la Colonne Voirol, le quartier où se situait la mosquée du *Tabligh*. Mon apostasie fut telle que l'alcool lui-même finit par se réduire à un catalyseur. Il potentialisait l'effet des comprimés multicolores que j'avalais du matin au soir : Artane, Parkinane, Tranxène, Atarax, Témesta, Rohipnol, Valium, etc. Le moins que l'on puisse dire est que quelque chose s'était détraqué quelque part. Incapable d'influer sur mon destin, oisif et livré à moi-même, je trafiquais ma neurotransmission pour rendre l'errance plus supportable. Mon projet de vie se concrétisa rapidement. Je fis une *overdose* le jour de mes vingt ans. Sur les soixante comprimés de Laroxyl que j'avais avalés pour la circonstance — choix stupide, puisque ce médicament n'est pas un anxiolytique mais un antidépresseur, d'où cette ingestion massive due à mon exaspération de ne rien voir « venir » — le lavage d'estomac ne parvint à en expulser que le tiers. Je sortis d'un coma de quarante-huit heures avec, en bonus, une défaillance cardiaque, et revins à de meilleures dispositions en invoquant un souvenir de terminale, l'impératif catégorique. Je devais de toute urgence fonder une nouvelle métaphysique de mes mœurs.

Que savais-je faire de mes dix doigts ? Du piano. Je m'associai à un projet de studio d'enregistrement qui, tardant à voir le jour, me poussa à trouver un semblant d'intérim. Que savais-je faire d'autre de mes doigts ? Aligner un sujet, un verbe, un complément. Ce qui tombait plutôt bien ; en

1990, à la faveur d'une nouvelle constitution qui consacrait la liberté d'opinion et le pluralisme politique, une presse indépendante, pléthorique et pourvoyeuse d'emplois vit le jour, envoyant par le fond les quelques titres gouvernementaux qui tenaient du *mix* entre *La Pravda* et *Le Protocole des sages de Sion*. Finie l'information paranoïde, la théorie du complot ourdi par les sinistres offices de Tel-Aviv, l'oxymore des masses laborieuses anti-impérialistes, musulmanes, arabes et progressistes. Nous pouvions enfin parler, donner notre opinion, critiquer la gestion gouvernementale, faire même dans le graveleux. Ce n'était pas un tournant, mais véritablement un bond de civilisation dont la facture n'allait pas tarder à nous assommer — le fascisme vert, populiste et revanchard s'apprêtant à rafler sans effort la mise de l'ouverture démocratique. Durant trois années, je fis le tour des titres indépendants, étant régulièrement viré ou me virant moi-même pour incompatibilité d'humeur avec la rédaction en chef. Mais j'étais surtout velléitaire, et partageais mon temps entre le journalisme satirique et le studio d'enregistrement qui avait fini par exister.

J'y produisis quelques albums de raï qui eurent un succès plus qu'honorable, grâce à quelques refrains inoubliables : « J'ai vécu avec elle / j'ai souffert / je l'ai quittée / et failli devenir fou / Ô guérisseur, je suis venu te voir / par Dieu, désenvoûte-moi. » Le succès fut immédiat, dû à des orchestrations synthétiques minimalistes et aseptisées, des nappes de violons en profusion, des basses bien rondes, des textes mêlant amours impossibles, misogynie, sorcellerie et guimauve. J'entendais mes ritournelles — chantées par les plus belles voix du raï algérois — à la radio, dans les taxis, les boutiques et je me disais que c'était gagné, que j'avais commencé à trouver ma place dans l'euphorisante confusion de mon pays. Puis le studio déposa le bilan ; n'ayant pas de contrôle sur l'édition, la simple prestation de service ne parvint jamais à équilibrer nos comptes.

Je n'avais plus qu'une corde à mon arc : la presse. En 1993, j'intégrai *L'Opinion,* un quotidien du soir dirigé par un homme de la nuit, bon vivant, libéral, aux petits soins avec la jeune garde de ses journalistes qui lui assurait une audience exponentielle. La liberté de ton était totale et je ne laisserai nul autre que moi dire que trop de liberté nuit à la liberté.

Je m'explique.

Moins d'un an après l'assassinat de Boudiaf tombait le premier journaliste algérien, et non des moindres ; en mai 1993, Tahar Djaout — l'un des rares Algériens, à cette époque, à avoir été publié et consacré à Paris — poète, romancier et chroniqueur ardemment républicain, fut tué de deux balles dans la tête devant son domicile. L'invraisemblable information s'enlisa dans les rets de mon intellect sans parvenir à se frayer un chemin vers ma sensibilité. Il s'agissait de rationaliser *a posteriori*. Ainsi, « ils » étaient passés à l'acte. Les lettres de menaces que recevaient de nombreux journalistes n'étaient donc pas de simples fanfaronnades de réactionnaires acariâtres — Tahar Djaout lui-même s'efforçait de ne pas les prendre au sérieux — mais autant de déclarations de guerre en bonne et due forme ; balle contre plume, sabre contre *tabloïd*. L'affaire était mal engagée, et les journalistes ne pouvaient plus se contenter de compter les points entre terroristes et policiers.

Refoulant cette nouvelle donne, j'écrivis un article sur la mort de Djaout en omettant de tenir compte d'un détail de taille : j'attaquais violemment sa ligne politique, ignorant royalement le fait qu'il fût plongé dans un coma profond ne lui laissant aucune chance de survie. Tahar Djaout était pour la suspension des élections législatives de décembre 1991 remportées par le Front Islamique du Salut, j'étais contre. Il était pour la désintégration de l'intégrisme, je considérais celle-ci comme illusoire. Il était kabyle, j'étais berbéro-arabe. Il était célèbre et talentueux, j'étais anonyme et balbutiant. En fait, je ne lui pardonnais pas de s'être laissé tuer. Sa mort annonçait en quelque sorte la mienne et celle d'autres confrères. La suite du programme terroriste devait confirmer nos craintes.

Au final, mon article assassinait une seconde fois le poète et assimilait ses positions éthiques à une conduite suicidaire dont il était seul responsable. Je me dis aujourd'hui que, par cette incantation absurde, je tentais sans doute d'offrir une protection ésotérique à toute la corporation : « Nul ne vous tuera si vous ne vous suicidez pas », en quelque sorte. Personne n'avait été là toutefois pour me voir pleurer tandis que je rédigeais chez moi ces lignes navrantes en forme de plaidoyer pour l'autocensure.

Dès la parution de l'article, des pétitions réunissant tout ce que le pays comptait de journalistes, artistes et universitaires, commencèrent à circuler : on m'invitait littéralement à cesser l'écriture et à rejoindre les maquis islamistes. Je ne sais plus ce que j'écrivis pour ma défense ; je me souviens simplement que, dans une mise au point que j'avais voulue habile, la société civile ne lut qu'un surcroît de cynisme et de mépris. Le malentendu tourna au lynchage médiatique, et pas un éditorialiste ne manqua de me traîner dans la boue. J'écrivis encore quelque temps sous un autre pseudonyme afin de pouvoir continuer à me payer mes bières et mes sandwichs, mais j'accusais le coup.

Du fond de ma détresse, j'entamai un parcours du combattant pour obtenir une bourse d'études pour l'étranger, ce qui me semblait le seul *exit* possible. Ultime échec. Puis un miracle : mon oncle paternel, éminent endocrinologue aux commandes des programmes de lutte contre les carences en iode au sein de l'Organisation mondiale de la santé — et donc rémunéré en devises —, vint à ma rescousse. Il s'engagea à financer mon installation à Paris et mes six premiers mois d'études qui, si j'ai bonne mémoire, durèrent une année. La suite dépendrait de ma capacité de survivre dans un environnement en proie à la paix civile.

Je m'inscrivis en DEUG de philosophie à la Sorbonne, la tête encore bourdonnante du pathos algérois, tentant, en toute bonne foi et par souci d'intégration, de partager les préoccupations de mes nouveaux camarades âgés de dix-huit ans, élevés à la rude école de Fun Radio, et toujours prompts à comparer les vertus dynamiques de leurs Nike-Air respectives. Je louai une chambre de bonne — un demi-couloir de deux mètres sur quatre — aux environs du pont de l'Alma, célèbre alors uniquement pour son zouave. Je devais quitter la chambre pour y laisser entrer le soleil ; c'était lui ou moi. Puis la perfusion financière de mon oncle lâcha sa dernière goutte, et je pus ainsi découvrir le circuit exaltant de l'hôtellerie ; veilleur de nuit, réceptionniste, homme de ménagechasseur de poils pubiens dans les douches, avec à la clé un saucissonnage dans un hôtel bas de gamme d'Issy-les-Moulineaux pour un butin de 300 francs — seule consolation : mes braqueurs étaient des compatriotes. Au soir du vingtième mois, je décidai de me reposer. Je n'avais plus le temps d'aller à la fac et les prestations hôtelières devinrent mon unique activité, entrecoupées toutefois par un noble et charmant petit *business* du dimanche : courtier en livres anciens.

Avec un ami étudiant qui m'y initia, je ratissais tous les Emmaüs à portée de train, achetais le maximum de classiques en poche à 2 francs l'unité que je revendais dans les librairies universitaires du Quartier latin à 5 francs. Si, au passage, je tombais sur un livre de médecine du XVIIIe siècle, ou une monographie sur les cactacées mexicaines datée des années trente, alors je dissimulais le trésor sous mes vêtements, réglais mes livres de poche rubis sur ongle, et m'éclipsais pour aller en tirer quelques centaines de francs chez les bouquinistes des quais et autres librairies spécialisées. Mais ce genre de découvertes était rare et, à partir de quarante poches, l'affaire était tout juste rentable, à condition de resquiller le train et de blanchir immédiatement l'argent à l'aide d'un carnet de tickets resto-U. Le pain quotidien était ainsi garanti. Mon abnégation ne fut pas longtemps récompensée. En février, il y eut un incompréhensible krach boursier du livre. Plus personne ne désirait acheter. Pour des raisons que j'ignore à ce jour, tous les bouquinistes se mirent brusquement à aboyer dès que vous franchissiez le seuil de leur boutique les bras chargés de livres. Ajouté à la perte de mon dernier emploi dans l'hôtellerie, le coup fut fatal.

Au printemps 1995, je dus me rendre à l'évidence. Mes objectifs universitaires n'avaient pas été atteints, ne le seraient sans doute jamais, et mes finances alarmantes frisaient l'atteinte à la dignité humaine. Je me consolai en me répétant que j'avais séché presque deux années de guerre civile. Il ne me restait plus qu'à reprendre l'oiseau-de-fer direction Alger, rejoindre de nouveau la folle sarabande et trottiner entre les blanches allées des tombes, en prenant garde de ne pas perdre l'équilibre.

3

De retour dans ma ville fatale, je me fixai un objectif ambitieux : louer un studio sans disposer du moindre revenu. Imposer ma douloureuse présence à ma mère me semblait porteur de tous les périls. Je me méfiais de la bête traquée en moi et tenais à rester éloigné des miens. Contre toute attente, ce fut le GIA qui me sortit de ce mauvais pas. J'entends par là qu'avec l'irrésistible montée en cadence du terrorisme les rares étrangers résidant à Alger ou à l'intérieur du pays étaient devenus depuis 1993 l'une des cibles privilégiées des groupes armés, et beaucoup commençaient à préférer la valise au cercueil.

Une amie de ma mère, pied-noire espagnole, s'apprêtait alors la mort dans l'âme à rejoindre sa bonne ville de Valencia d'où étaient originaires les fameux carriers hispaniques qui fondèrent Bab-el-Oued en taillant le calcaire bleu de Jaubert. Transporté par les attelages des Maltais, celui-ci allait servir à la construction de tout le front de mer — la main-d'œuvre, bien sûr, était indigène et des centaines d'hommes périrent durant ces grands travaux ; autres temps, autres meurtres.

Je n'eus aucun mal à convaincre madame San Victor du danger qu'elle courait à laisser son studio inhabité, car elle s'exposait, elle le savait, aux manœuvres d'agents de l'administration toujours habiles à jouer des écritures pour faire valser les propriétaires étrangers en déroute. Ainsi récupérai-je les clés et emménageai sommairement dans un charmant quinze mètres carrés du centre-ville, avec la satisfaction d'avoir doublé mon capital immobilier au regard de ma regrettée niche parisienne.

Une fois de trop, je me retrouvai au point *alpha,* avec des perspectives nulles. Toutefois, le simple fait de renouer avec ma bande me réchauffa le cœur. Parmi eux, l'inénarrable Chawki Amari, un pince-sans-rire asthmatique, féru de métaphysique de comptoir avec qui quelques autres et moi-même avions fait les beaux jours de *L'Opinion.* Devenu depuis chroniqueur et caricaturiste vedette au quotidien *La Tribune,* il m'avait réservé un accueil généreux. Dès mon arrivée, nous avions passé la nuit à boire, à manger de la tripe fumante et pimentée dans un bar interlope peuplé de maquignons en goguette, de flics en civil et de prostituées dans l'exercice de leurs fonctions. L'opération se répéta chaque soir toute la première semaine de mon retour. Chawki bénéficiait de l'accord tacite d'Amina, son épouse, qui savait cette thérapie nécessaire pour me remettre dans le bain. Étant resté trop longtemps loin d'Alger, seuls les échos du chaos m'étaient parvenus par médias interposés, et j'avais fini comme tout exilé par appréhender ma réapparition dans une ville en flammes. Mais hormis le climat sécuritaire qui s'était dangereusement dégradé dans les campagnes et annonçait le début des grands massacres, j'eus à constater que rien n'avait véritablement changé dans la capitale. Les attentats ciblés de policiers, fonctionnaires, journalistes, suivaient leur cours habituel et, à dire vrai, rares étaient les victimes potentielles à prendre de réelles précautions. À Alger, la vie et la mort semblaient interchangeables, et tout ce qui advenait était salué comme pure nécessité. Cette attitude mi-fataliste, mi-fatiguée, avait le mérite de préserver les plus *zen* d'entre nous d'une dérive psychotique. La seule nouveauté était l'installation durable des attentats à la voiture piégée, qui s'intensifiaient systématiquement durant le mois de ramadhan. Chawki me donna à ce propos un conseil avisé : « Pour les voitures piégées, c'est simple : quand tu en vois une, change de trottoir. »

Il me brossa également un tableau du nouveau paysage de la presse écrite, m'encourageant à reprendre du service avec lui. J'y avais déjà pensé depuis Paris, mais n'osais pas refaire la tournée des journaux, considérant que l'affaire Djaout était encore présente dans les mémoires. Grâce cependant à la médiation de Chawki, *La Tribune* me proposa de rejoindre sa rubrique culturelle. Je n'allais guère y officier plus d'un mois. Je m'y ennuyai ferme, me retrouvant à monter un dossier sur la poésie de combat durant la guerre d'Indépendance — un sujet, on le voit, en prise directe avec la brûlante actualité. Non, ce que je voulais, c'était tutoyer l'histoire qui s'écrivait sous nos yeux : quitte à être *à Alger*, autant y *être*.

L'idée que la crise était là avait quelque chose de désespérant et de stimulant à la fois. À mesure que les mois passèrent, je me fis à ce sentiment ambivalent. Sombre comme je ne l'avais jamais été auparavant, je sentais monter en moi une diffuse envie d'en découdre. Avec qui, avec quoi ? La violence, mais surtout les tenants d'un système à bout de souffle, et qui s'avéraient n'avoir pas la moindre idée d'une issue politique, stratégique ou même militaire à la crise. Avec Chawki et d'autres confrères, le débat durcissait, chacun prenant conscience qu'il n'était pas très glorieux de continuer à divertir le peuple sans interpeller nos dirigeants. La condamnation du terrorisme allait de soi, mais finissait par montrer ses limites et lasser les lecteurs qui voyaient dans la majorité des journalistes un collège de collabos hypocrites réduits au simple rôle de caution démocratique.

N'ayant pas tous l'opportunité d'user d'un support où transformer nos paroles en écrits, ce fut Chawki qui s'en chargea, en image, dans une caricature qui ferait basculer sa vie. Le 3 juillet 1996, deux jours avant la fête de l'indépendance, *La Tribune* publia comme chaque jour, depuis presque deux ans, l'un de ses dessins. Celui-ci allait être le dernier. On y voyait deux citoyens dans une rue bordée de drapeaux algériens ; l'un interrogeait : « C'est pour le 5 juillet ? » L'autre : « Non, ils étendent le linge sale. » Je garde encore l'exact souvenir du matin où je le découvris en même temps que les lecteurs. Ce qui me vint à l'esprit tenait dans cette remarque : on n'étend pas le linge sale, mais le linge propre... et je tournai la page sur ce dessin que je jugeais simplement raté.

Dans le courant de la matinée, la police débarqua au siège du journal pour y apposer des scellés et suspendre le titre. Chawki, travaillant par fax depuis plusieurs mois, n'était pas présent. Mais le directeur de la publication et la rédactrice en chef furent emmenés et entendus par la Police judiciaire puis le parquet, avant d'être finalement relâchés dans l'attente du jugement. Le délit ? Dessin attentatoire à l'emblème national.

Au secrétariat du journal, la PJ avait mis la

main sur l'adresse de Chawki. Celle en réalité de ses parents, lui et Amina occupant un autre appartement prêté par des amis. Il fallut quarante-huit heures aux policiers avant de le cueillir à son domicile, à six heures du matin. J'avais passé la nuit chez lui et ce fut moi qui ouvris aux deux inspecteurs chaussés d'imitations Ray-Ban, de vestes d'été fatiguées, sous des cheveux plaqués au gel d'importation. Flegmatique, presque absent, Chawki prit ses cigarettes, sa Ventoline, et accompagna les deux policiers. Après avoir effectué le même parcours que son directeur et sa rédactrice en chef, il fut placé en mandat de dépôt à la prison de Serkadji. Avec Hassan, un autre journaliste de *La Tribune*, nous nous installâmes chez lui afin de piloter une cellule de crise et assister Amina : elle devait, un mois plus tard, donner naissance à la petite Yasmine. Comme à l'accoutumée dans ce type d'affaires, la mobilisation fut massive. Journaux, société civile et associations lancèrent des pétitions ; pas moins de quatre cent mille signatures parvinrent à la présidence de la République.

Dans la moiteur de juillet, Chawki dégusta un mois de préventive au frais, avant d'être condamné à trois années avec sursis. Il sortit juste à temps pour voir naître sa fille et se rendre compte de l'étendue nouvelle de sa popularité — une popularité qu'il n'avait pas soupçonnée, tout comme il ne s'attendait pas au retour de manivelle. Durant l'année qui suivit, nul journal ne voulut prendre le risque d'héberger ni ses dessins, ni ses chroniques. Sauf un, *El Watan,* que j'avais moi-même rejoint quelques mois auparavant — je reviendrai plus loin sur cette embauche qui allait être décisive.

En août 1997, Chawki sortit donc de sa traversée du désert pour y signer un « feuilleton de l'été » burlesque qui, sous ses faux airs de *sitcom*, était parsemé de sous-entendus politiques pour le moins audacieux. À preuve, le matin du quinzième épisode, il répondit à une convocation de la gendarmerie nationale afin de retirer son ordre d'appel. Le service militaire auquel il essayait d'échapper depuis plusieurs années le réclamait. En désespoir de cause, il finit par se faire à l'idée de tirer ses deux années sous les drapeaux qu'il avait si outrageusement caricaturés. Après avoir condamné le terrorisme par écrit, il s'apprêtait mollement à le combattre par les armes. Mais, à son arrivée sur place, les gendarmes le mirent en cellule. Le motif ? Insoumission. Il y croupit trois nuits durant lesquelles on prépara son affectation à un bataillon disciplinaire du sud algérien. La manœuvre était grossière et le rapprochement avec son feuilleton d'*El Watan* coulait de source. Une intervention auprès du bureau de recrutement d'Alger le sortit d'affaire, mais pour lui, chose compréhensible, la rupture était consommée, et il ne tarda pas à quitter Alger pour Paris — qu'il put rejoindre sans mal grâce à sa double nationalité et son passeport français. Et voilà pour lui.

Si j'ai tenu à évoquer cet épisode, en quelque manière annonciateur de ce qui allait m'arriver trois mois plus tard, c'est surtout parce que, durant la période de l'incarcération de Chawki, se noua l'invraisemblable intrigue qui me plongerait au cœur de l'horreur algérienne, et, comble de la coïncidence, parce que le détonateur devait en être également le drapeau algérien.

Ce même mois de juillet 1996, en prévision du trente-cinquième anniversaire de l'indépendance, la présidence de la République lança à Alger une campagne discrète intitulée « Opération emblème national », appelée à se dérouler sur moins d'un mois, et à s'achever à la veille de la libération de Chawki. L'opération était constituée de deux volets. Le premier consistait en la réalisation d'une brochure destinée aux collèges, et qui devait réunir sur une douzaine de pages les constantes nationales de la république : charte graphique du drapeau, texte et partition de l'hymne national, carte des frontières nationales de l'Algérie, ainsi que les extraits du *Journal officiel* relatifs à ces éléments. Il était alors envisagé d'ajouter une épreuve obligatoire au brevet d'enseignement fondamental : chaque collégien devait être en mesure de restituer de mémoire les textes et schémas de ces constantes. Pourquoi la présidence empiéta-t-elle sur les prérogatives de l'Éducation nationale ? On pouvait penser que cette campagne entrait dans le cadre de la surenchère nationaliste qui a toujours empoisonné la vie politique du pays. La présidence incarnait le pouvoir absolu issu de la guerre de libération nationale, et sans doute tenait-elle par cet acte symbolique à s'approprier une fois de plus la sauvegarde du drapeau, dans la mesure où ce mythe fondateur était peut-être le dernier à asseoir sa légitimité — une légitimité purement historique.

Mais le deuxième volet de l'opération était encore plus étrange : il s'agissait de patrouiller dans les artères de la capitale, et repérer les drapeaux qui n'étaient pas conformes aux schémas définis par le *Journal officiel*, dans l'annexe de la loi n° 63-145 du 25 avril 1963 portant définition des caractéristiques de l'emblème national. De nombreux drapeaux accrochés au fronton des institutions de l'État avaient été réalisés de manière approximative : l'étoile — se devant d'affleurer la petite médiane — était quelquefois décalée, mordant sur la partie verte du rectangle ou s'en éloignant légèrement, et la circonférence du cercle délimitant le croissant pouvait varier. Ces anomalies provenaient de l'absence d'homologation et de la multiplicité des fabricants sollicités. La présidence de la République fit appel à une entreprise publique — l'Agence Nationale d'Édition et de Publicité — afin de mener à bien l'opération. Et l'ANEP, qui s'occupait plus de diffusion que de conception, sous-traita avec quelqu'un de très peu professionnel : moi-même.

Les conditions dans lesquelles je fus contacté ne sont certes pas à mon honneur, et je dois reconnaître qu'en la circonstance, ma vénalité prit le pas sur le reste. Je n'était pas infographiste, mais tenais à acheter un micro-ordinateur qui, tout clone qu'il était, valait plusieurs dizaines de milliers de dinars. Le PDG de l'ANEP était le mari d'une de mes tantes maternelles et un homme en vue du système, frère cadet, quadra et « moderniste », d'un éminent membre du MALG — l'ancien ministère de l'Armement et des Liaisons générales durant la guerre d'Algérie, devenu après l'indépendance la fameuse police politique dénommée Sécurité militaire. Mon oncle, avec qui j'avais de tout temps entretenu d'excellentes relations — il m'avait notamment donné des cours de soutien en mathématiques lorsque j'étais au collège —, savait ma situation, et décida de me donner un coup de pouce financier en me mettant sur le coup. C'était du moins ce que je croyais, et rien ne me permettait alors de douter de sa bonne foi.

À mon tour, il ne me restait plus qu'à faire cinquante-cinquante avec un professionnel. Je pris contact avec mon ancien rédacteur en chef du temps de *L'Opinion*. Il avait lui-même quitté le journal, fondé une société de relations publiques et mis

Ez-zâhir

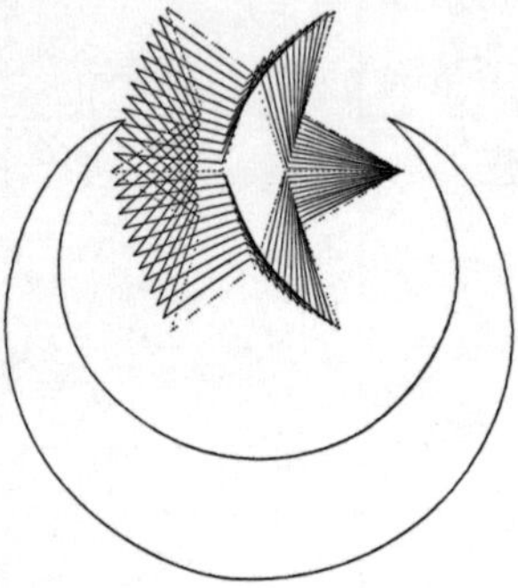

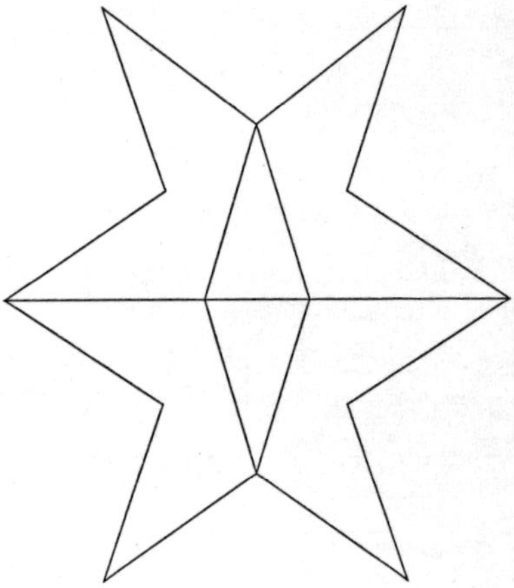

la main sur les budgets de communication des plus grosses entreprises algériennes : la compagnie pétrolière nationale, Air Algérie, les transports maritimes, l'industrie médicale. Les retrouvailles furent chaleureuses, mais l'homme avait pris ses distances avec l'aventure intellectuelle de la presse libre, et était devenu entre-temps un *businessman* avisé, découvrant sur le tard le goût de l'argent et l'art de jouer de son carnet d'adresses. De l'argent, il en gagnait beaucoup, et son agenda surchargé ne lui permettait pas de consacrer du temps au contrat insignifiant que je lui proposai. Il me fournit néanmoins quelques cartes de visite de petites sociétés qui accueilleraient ma proposition avec enthousiasme, puis me fit visiter ses bureaux. Mais une fois arrivé au service infographie, je savais que mon affaire était réglée : le chef de service n'était autre que Abdeslam, un ancien camarade de lycée que j'avais perdu de vue depuis dix bonnes années.

Nous nous fixâmes rendez-vous dans la soirée, et je lui proposai de travailler à titre personnel avec moi ; il fut charmé par l'idée de cette « Opération emblème national », non seulement partant pour réaliser la brochure, mais aussi enthousiaste à l'idée de m'accompagner dans mes patrouilles à travers Alger, en une chasse surréaliste aux drapeaux non conformes.

Le lendemain, je me rendis à la présidence de la République afin d'y rencontrer le chef de protocole, un certain Boukhil, qui me remit toute la documentation nécessaire à la réalisation de la brochure, ainsi qu'un nuancier destiné à détecter les drapeaux dont les couleurs vertes et rouges ne seraient pas adéquates : selon le *Journal officiel*, la moitié du rectangle de couleur verte, placée à l'intérieur, contre la hampe, devait être d'une composition à égalité de jaune et de bleu ayant, selon le diagramme des contrastes de Rood, une longueur d'onde de 5.411 et la position 600 sur le spectre normal. Quant au rouge du croissant et de l'étoile, il devait être de couleur primaire indécomposable, exempt de bleu et de jaune, et ayant selon le diagramme précédemment cité une longueur d'onde de 6.565 et la position 285 sur le spectre normal.

C'était la première fois que je mettais les pieds dans l'enceinte de la présidence de la République, et je fus frappé par l'état de délabrement des bureaux. De nombreuses prises murales étaient arrachées et pendaient au bout de leurs fils, les peintures étaient souvent écaillées et le bitume du parc était défoncé en divers endroits. Je ne m'expliquai pas tant de négligence, mais finis par en conclure que les lieux étaient somme toute l'exact reflet de l'état du pays.

Une chose m'inquiéta néanmoins : le chef du protocole m'annonça qu'une berline blindée avec chauffeur avait été mise à ma disposition, ainsi qu'un véhicule d'escorte contenant quatre gardes républicains affectés à ma sécurité ; je me sentis tout à coup moins à l'aise, et réalisai sur le tard que j'allais être vu dans de nombreux quartiers d'Alger, à bord d'un véhicule officiel, en compagnie d'un groupe de sécurité, m'affairant à décrocher, examiner puis remplacer des drapeaux. La configuration était idéale pour être repéré par des indicateurs terroristes dont l'étendue des réseaux ne rendait pas improbable la découverte de mon identité — ainsi que celle de Abdeslam.

Mais l'appât du gain l'emporta. Le 8 juillet, nous entreprenions nos patrouilles dans Alger. Chaque matin, nous nous rendions à la présidence où nous attendaient le véhicule et l'escorte. Toutes les fois que nous passions devant un ministère, un commissariat ou toute autre institution, Abdeslam faisait jouer son compas oculaire et, s'il avait un doute, nous nous arrêtions et procédions au décrochage du drapeau afin de le vérifier. Les soirées étaient consacrées à la préparation de la brochure ; Abdeslam y travaillait chez lui le soir, sur son ordinateur.

À mesure que nous avancions dans la tâche, je notai le trouble de mon partenaire — un trouble qui ne cessait de s'amplifier à l'approche de l'expiration du contrat. Jusqu'à un matin où Abdeslam finit par me faire part de ce qui le préoccupait. Les erreurs qu'il découvrait au fur et à mesure semblaient avoir été commises sciemment, avec une méticulosité géométrique déroutante. Il y avait en fait deux types d'anomalies : celles relatives à l'état du tissu — sale, déchiré — ou à la conformité des couleurs, les autres ayant trait exclusivement à la position de l'étoile par rapport à la petite médiane. Curieusement, tous les croissants avaient été exécutés conformément aux normes de la charte graphique établie par le *Journal officiel* ; et c'était en cela que résidait l'étrange déséquilibre entre les anomalies.

Le soir du 2 août, l'opération menée à son terme, les drapeaux non conformes étaient au nombre de trente-trois. Ils avaient été disposés en deux ballots qu'un des gardes républicains avait déposés dans le bureau du chef du protocole. Dix-neuf d'entre eux souffraient du mauvais état du tissu et de décoloration — ou surcoloration. Les quatorze autres irrégularités relevaient uniquement de la position de l'étoile par rapport à la petite médiane. Les films de la brochure furent également remis, assortis d'un tirage *laser* couleur et d'un chromalin qui semblèrent satisfaire Boukhil.

À cet instant, Abdeslam fit une demande assez inattendue : il tenait à garder les quatorze drapeaux dont l'étoile était décalée. Le chef du protocole sourit et l'invita à se servir. Après que nous eûmes quitté le bureau, j'interrogeai Abdeslam sur les raisons de son acte. Absent, il me répondit que, si je voulais le savoir, je n'avais qu'à l'accompagner chez lui. Il fut silencieux durant tout le trajet et, à notre arrivée, il se précipita sur des feuilles calques, une règle et un rotring. Je l'observai procéder fébrilement à un report sur calque des douze étoiles ; les croissants servirent de repère à la superposition des quatorze calques. Qu'observait-on alors ? L'étoile à cinq branches effectuait une translation-rotation dont la progression était arithmétique. Cela commençait avec une étoile parallèle à la petite médiane — les deux branches n'étaient pas tangentielles à celle-ci, donc non conformes. Cette anomalie avait lieu deux fois. Suivaient huit autres étoiles dont le centre se décalait progressivement et à intervalles réguliers vers la droite, en même temps qu'elles effectuaient une légère rotation horaire. Nous parvenions ainsi à une treizième étoile reproduite deux fois, exactement symétrique aux deux premières. Le visage blême, Abdeslam fit claquer plusieurs fois sa langue — il devait m'avouer plus tard avoir eu à cet instant un goût étrange dans la bouche ; un goût métallique qu'il identifia à celui du sang. Ce que révélait la superposition des étoiles ne souffrait à ses yeux d'aucune ambiguïté : la première et la dernière, les seules à être chacune reproduites deux fois, constituaient la première et la seconde partie d'un dessin. Lorsque nous tenions compte de ce point de départ et de ce point d'arrivée, nous obtenions un symbole.

Ce symbole, Abdeslam l'avait déjà vu, lorsqu'il étudiait la sculpture aux Beaux-Arts.

4

Alors que je me fourvoyais dans mon choix d'une licence d'anglais à l'université, Abdeslam avait préféré accomplir en priorité son service militaire. Deux années plus tard, il intégrait l'école des Beaux-Arts. De tout temps, il avait eu des ambitions artistiques, encouragées par ses parents, tous deux agrégés d'une université européenne en philosophie et en histoire de l'art. Très tôt, ils allaient dispenser à leur fils une éducation ludique, lui adjoignant peu à peu de solides notions d'académisme dans les domaines divers de la littérature, musique, peinture et sculpture. Cette admirable méticulosité dans l'initiation de leur fils relevait plus d'une direction morale qu'esthétique ; elle faisait office d'antidote au ramassis d'archaïsmes boursouflés d'idéologie qui avait cours dans le champ culturel algérien.

Abdeslam progressait ainsi sur deux fronts, conscient dès les premières années de sa formation qu'il évoluait dans un milieu hostile où l'art, intimement inféodé à la politique depuis l'indépendance, était mercenaire et otage d'un monolithisme stalinien, imposé par les hautes sphères à une population dépourvue de la plus élémentaire culture du corps et du goût — mis à part, bien sûr, celle des traditions folkloriques locales. Dès 1962, les seules productions artistiques autorisées et encouragées avaient été les « œuvres » real-socialistes, sacrifiant le beau et l'imaginaire à une option figurative pesamment révolutionnaire, et dont la conséquence à terme allait être la création d'un fossé que rien ne pourrait plus combler entre les Algériens et la culture. Nous passions d'un mode de vie purement utilitaire à la dictature du symbole. L'impossible identification qui en découlait préparait doucement le terrain à l'islamisme, sa dialectique indigente, son mépris du corps et de l'esprit.

D'une certaine manière, l'école des Beaux-Arts allait jouer involontairement son rôle de courroie de transmission dans cette désintégration de la pratique artistique. Réduisant tout l'académisme à un académisme de gauche, elle gomma à son tour et méthodiquement la moindre désignation immédiate du corps, en développant une contre-offensive dite « libérale » qui devait annuler le rapport habituel entre le créateur et son objet, entre l'œuvre d'art et son public. Le résultat en fut une chute fulgurante du niveau technique de l'enseignement, une fuite déplorable vers l'abstraction, l'hermétisme, l'hyperconceptualisme.

Ce contexte était de mise lorsque Abdeslam fit son entrée aux Beaux-Arts avec l'ambition d'obtenir un DESA « option sculpture ». L'obstacle premier et fondamental qu'il rencontra fut l'inexistence de modèles vivants, pièces maîtresses de tout atelier digne de ce nom. La direction s'opposa de bout en bout à la revendication d'Abdeslam de réintroduire officiellement le modèle nu à l'école, tradition indispensable à la maîtrise des données anatomiques, et qui avait survécu quelques années à l'indépendance du pays avant d'être définitivement radiée des programmes par de nouvelles orientations.

Ambitieux, Abdeslam l'était. Idéaliste, sûrement. Mais ses prétentions n'allèrent jamais dans le sens de sa propre promotion. Pour lui, la réintégration de l'académisme au sein de la formation dispensée relevait d'un impératif qu'il lui semblait vain et insensé de soumettre à débat. Il décida alors de se donner tous les moyens qui iraient dans ce sens. Aussi, la deuxième année de son admission, prit-il la tête du Comité des étudiants qui, séduits par son charisme, sa jovialité naturelle et le bien-fondé de ses aspirations, l'élirent à la majorité absolue. Pour autant, sa démarche devait essuyer de nombreuses entraves. Il se trouvait que le Comité, parcouru par toutes sortes de courants, des plus rétrogrades aux plus avant-gardistes, offrait de ce fait un panel assez représentatif de ce que l'Algérie comptait d'engagements et de sympathies idéologiques.

Par exemple, la totalité des étudiants proches du FLN s'allièrent à Abdeslam pour une raison des plus triviales : le directeur de l'école était kabyle, donc il constituait forcément la cinquième colonne d'un ténébreux « complot ourdi par le berbéro-sionisme international » en vue de déstructurer la Nation arabe qui, comme chacun sait, est des plus soudées. Une autre frange du comité réunissait des étudiants fondamentalement acquis aux orientations de l'école et visiblement épanouis dans leur statut d'artistes illisibles ; la plupart étaient les élèves de peintres, graveurs et dessinateurs issus du mouvement Aouchem, fondé à Alger au milieu des années soixante. La philosophie du mouvement visait à « convoquer les ancêtres », dépoussiérer l'antique et vénérable sémiurgie locale afin de la barioler un tant soit peu moderne, et établir ainsi une jonction avec un passé anté-islamo-colonial qui nous livrerait les clés de lendemains qui chantent. Au final, le fatras des motifs préhistoriques déterrés relevait plus d'un artisanat revisité que d'art à proprement parler. Mais ces idéologues noyautaient l'école et étaient les premiers couteaux d'un anti-académisme virulent.

Pour sa part, Abdeslam était avant tout soucieux d'acquérir une maîtrise technique dont il se jugeait libre de choisir l'usage qu'il en ferait plus tard. Exaspéré par l'occultisme fumeux d'Aouchem, il vénérait la peinture d'Issiakhem, maître du semi-figuratif, dont il devait incorporer le *credo* à son mémoire de fin de cycle : « La peinture comme tout art exige un minimum de vérité, exige la vérité de soi. Ces gens ne sont pas sincères. La meilleure des preuves est qu'ils ont créé Aouchem. Ils nous ont imposé un ancêtre ! Ils vivent dans un monde qui ne les comprend pas, qu'ils ne comprennent pas. Et si le peuple ne comprend pas, c'est qu'eux ne sont pas des peintres. » Cruel paradoxe, lorsque l'on sait que la Charte nationale, dans sa version constituante de 1976, assignait à l'école des Beaux-Arts une mission d'État.

Toujours est-il que même les étudiants hostiles par principe aux revendications d'Abdeslam ne tardèrent pas à concéder à ses thèses une légitimité manifeste, étant bien incapables d'opposer un argumentaire aussi construit et pertinent que le sien. L'autre raison de sa crédibilité était que sa stratégie tenait uniquement en une remise en cause du niveau technique de l'enseignement et qu'il se gardait de mettre sur le tapis des problèmes de personnes. Une fois à la tête du Comité, il s'attela à devenir en un temps record la bête noire de la Direction, déclenchant grèves et *sit-in* en enfilade, ceux-ci prenant systématiquement l'allure de *happenings*, étant déjà en eux-mêmes la forme d'art à laquelle Abdeslam ainsi que tous ceux qui le suivaient dans sa guérilla esthétique aspiraient à terme.

Une illustration exemplaire de cette contre-politique fut la pièce de théâtre sauvage qu'il interpréta avec quelques autres camarades à l'occasion de l'une de ces performances : sous une banderole portant l'inscription « L'âme n'est qu'une partie du corps ; Friedrich Nietzsche », une pièce délirante fut donnée. Les décors, les costumes, ainsi que le canevas de la pièce avaient entièrement été réalisés par Elyas, le professeur de sculpture d'Abdeslam. La pièce, en un acte, et aux trois quarts improvisée, mettait en scène la cabale menée contre le philosophe médiéval Ibn Sînâ — Avicenne —, accusé de blasphème lorsqu'il procéda à la dissection de cadavres afin de faire avancer ses recherches et rédiger son *Canon* de la médecine. Abdeslam et Elyas y voyaient une façon efficace de soulever symboliquement le tabou du corps, objet de recherche dans la science comme dans l'art. À la gauche d'une scène dressée à la hâte au milieu de la cour centrale, un chœur de trois étudiants vêtus de blanc campaient le rôle de l'Essence, Première Intelligence dans la métaphysique d'Ibn Sînâ ; à droite, trois autres étudiants, en tenue d'arlequin, incarnaient l'Existence, Deuxième Intelligence. Au centre, Abdeslam jouait un Ibn Sînâ emmitouflé dans une superposition de gangues grossièrement taillées dans de la toile de jute et des sacs plastique. Face à lui, Lounis Khodja, étudiant en graphisme, campait un inquisiteur arborant un *qamis*, une barbe postiche, un couteau à lame dorée, et brandissait une bannière étoilée ; il triturait ainsi sa scolastique afin d'en prélever matière à anathème et à condamnation. Au fur et à mesure d'un jeu de ping-pong métaphysico-burlesque entre le philosophe, l'inquisiteur et les chœurs, regorgeant de références au rock'n'roll, à la cuisine italienne ou encore à la pêche à la truite en Amérique — clin d'œil à l'icône hippie Richard Brautigan —, Abdeslam se dévêtait, lançant successivement au public l'une de ses tenues, chacune symbolisant une pellicule supplémentaire séparant l'apparent du caché, l'écorce de la pulpe, l'exotérique de l'ésotérique, la périphérie du centre, toujours en référence à la gnoséologie d'Ibn Sînâ. Ce *strip-tease* hénologique exprimait les différentes stations de la *tariqa* soufie — voie mystique — qui permet de passer du sens apparent des choses, *ez-zâhir* à leur sens caché, *el-bâtin*, puis à la vérité divine, *en-noûr* ; et ce voyage se doit de transiter par le corps.

Le tout dura moins d'une demi-heure. Tandis que la Sécurité de l'école entreprenait d'évacuer les étudiants dans une cohue indescriptible, agrémentée d'une nuée de sifflements stridents et de jets de projectiles, la pièce s'achevait in extremis sur un simulacre d'orgie censé illustrer la réduction au monisme de la dualité Esprit-Matière, bouclant ainsi la boucle avec la citation nietzschéenne qui faisait usage d'épigraphe à l'événement.

Les sanctions plurent le jour même pour absence d'autorisation et atteinte à la sécurité de l'établissement, la Direction ayant eu par ailleurs du mal à saisir tout le sens de la performance et son rapport supposé avec les revendications des ateliers de sculpture et de dessin au sujet de la réintroduction des modèles nus.

Alors qu'Abdeslam me faisait le récit de ces événements, une image entre toutes resurgissait à ses yeux avec une précision que les années n'avaient pas altérée : il revoyait clairement la bannière étoilée brandie par Lounis Khodja qui campait l'inquisiteur. Lorsque Abdeslam avait interrogé Elyas sur le sens de l'étendard, celui-ci avait répondu gravement : « Puisse Dieu t'en protéger. » Abdeslam n'en apprit pas davantage, mais fut frappé par l'importance que l'étoile à six branches semblait avoir pour son professeur. Lorsque quelques années plus tard Abdeslam détecta la présence subliminale de cette même étoile sur les quatorze drapeaux, il eut la conviction profonde qu'elle portait un sens qui ne devait rien au hasard ; et que seul Elyas pourrait nous donner. Mais ce dernier était mort plus d'un an auparavant dans des conditions dramatiques sur lesquelles je reviendrai.

Un homme allait cependant nous livrer les clés du symbole : le père Jean-François, un assomptionniste, éditeur des grands traités de la mystique persane, ayant longtemps vécu en Iran et visiteur apostolique à Alger. L'homme s'était lié d'amitié avec Elyas lorsque celui-ci venait consulter des ouvrages d'arts à la bibliothèque du Centre d'Études diocésain d'Alger — essentiellement fréquentée par des étudiants en architecture et quelques-uns des Beaux-Arts. Nous rencontrâmes le père Jean-François dès le lendemain, à la bibliothèque dont il assurait ce jour la permanence.

5

Chaque détail a son importance. Si je ne peux parler que de ce que je sais, je tiens en revanche à dire tout ce que je sais — même si à ce jour j'ignore encore si mes retrouvailles avec Abdeslam et la rencontre avec le père Jean-François tinrent du pur hasard, ou furent un élément de la manipulation dont j'ai été l'objet. C'est là une des parts d'ombre de cette histoire. Sans Abdeslam, l'« Opération emblème national » se serait forcément achevée le 2 août. Sans le père Jean-François, l'étoile serait demeurée un symbole illisible. Leur intervention allait non seulement se révéler déterminante pour la suite, mais également démontrer que dix années auparavant, au sein de l'école des Beaux-Arts, un homme avait effectué le même parcours que moi, à la différence qu'il y avait laissé la vie. Cet homme était Elyas, le professeur de sculpture d'Abdeslam.

Nous étions au lendemain du *happening* qu'il avait organisé avec son élève sur la cabale menée contre Ibn Sînâ. Comme je l'ai déjà dit, la Direction de l'école sanctionna les élèves impliqués, mais il en fallait plus pour refroidir Abdeslam. Certes, pour un temps il renonça à ce type de manifestations *intra-muros*, mais choisit aussitôt de faire déborder le débat vers la sphère publique, par voie de presse interposée. Il rédigea un court texte destiné aux annonces classées d'un quotidien francophone. Après avoir procédé à une quête au sein du Comité des étudiants, il put financer l'insertion qui, à la surprise générale, fut diffusée tout au long de la semaine suivante dans les petites annonces d'*El Watan*. Le texte disait en substance ce qui suit : « École supérieure des Beaux-Arts d'Alger recherche modèles nus pour les étudiants des ateliers de sculpture et de dessin. Se présenter à l'école et se rapprocher du Comité des étudiants. »

Une nouvelle fois, la réplique de la Direction ne se fit pas attendre.

« Je vous informe par la présente que vous ne pouvez nullement engager la responsabilité de l'établissement à travers une annonce publiée dans la presse nationale. Il appartient à votre enseignant de régler ce genre de problème avec le département de la scolarité. Par ailleurs, je dois vous signaler que les statuts des modèles n'ayant pas été approuvés par les autorités concernées, je ne puis en conséquence procéder à leur recrutement. Je vous adresse un avertissement afin que ce genre d'erreur ne se reproduise plus.

Signé : le Directeur de l'ESBA.

P.S. : ce courrier tient également lieu de convocation ; dès que vous en aurez pris connaissance, veuillez vous rapprocher de la Direction dans les plus brefs délais. »

Abdeslam crut déceler dans la très officielle missive une certaine pusillanimité, comme si l'audace de son initiative avait désormais fait de lui un interlocuteur redouté, susceptible d'occasionner des réactions en chaîne aussi pernicieuses qu'imprévisibles. L'après-midi qui suivit ce courrier, il se présenta devant le Directeur, vêtu comme à l'habitude du vieux survêtement maculé d'argile et de plâtre qui lui servait de vareuse. La pièce baignait dans une semi-pénombre lugubre, et la baie vitrée située derrière le bureau du Directeur auréolait ce dernier d'un sinistre contre-jour. Bien qu'accidentelle, la symbolique attachée à cette perspective ne manquait jamais d'amuser Abdeslam. D'ailleurs, tous ceux qui passaient par ce bureau afin d'y rencontrer le Directeur en ressortaient avec la désagréable impression de s'être entretenus en vain avec une ombre chinoise. Abdeslam s'affala dans un des deux fauteuils de cuir noir destinés aux visiteurs et, se bouchant les narines, il simula l'apnée. Coutumier de la théâtralité de son élève, le Directeur ne releva pas, se contentant de laisser planer un long silence en guise de préambule ouvertement hostile.

Le regard rivé à celui d'Abdeslam, il partit ensuite dans un long réquisitoire, assené sur le ton froid de celui qui n'envisage pas un instant d'ouvrir un quelconque dialogue : le Comité ne voulait rien de moins qu'un enseignement à la carte ; il était manipulé par des courants communisants ; de quel droit Abdeslam se permettait-il de porter des jugements sur des professeurs qui avaient été formés dans les plus grandes écoles ? Il désirait introduire la pornographie en recrutant des modèles nus ; s'il se prenait pour la réincarnation de Michel-Ange, et s'il considérait les autres comme un ramassis de médiocres, pourquoi ne quittait-il pas simplement l'école ? Lorsqu'il eut épuisé la liste des charges retenues contre l'élève rebelle, son visage rubicond se figea de nouveau.

Abdeslam prit à son tour la parole afin d'exposer une ultime fois sa vision des choses : les enseignants jugeaient que l'académisme était « dépassé », soit. Mais comment dépasser en connaissance de cause un point par lequel on n'était pas passé ? La mission d'une école d'art revenait à enseigner les bases techniques ; à chacun ensuite de les dépasser dans le cadre de sa production propre, et en fonction de la personnalité artistique que l'on avait pu se forger. En lieu de quoi l'école formait de grotesques épigones d'Aouchem ; des peintres qui n'avaient jamais esquissé une forme concrète, des graphistes qui n'avaient jamais dessiné ni peint une aquarelle à partir d'une figure humaine, des aménagistes incapables de réaliser un croquis d'ambiance instantanément. Les professeurs étaient préoccupés par la seule rédaction des mémoires de fin d'année, sans souci de la pratique de l'élève ; eux-mêmes n'avaient d'ailleurs jamais pris le risque de prouver leur honnêteté à travers leurs dessins, peintures ou sculptures d'observation. Quant à la proposition faite à Abdeslam de quitter l'école, il signifia qu'au vu des arguments de chacun, c'était plutôt au Directeur de s'exécuter en ce sens.

La limite était franchie.

Le Directeur se leva brusquement en déclarant que l'entretien avait touché à sa fin. Abdeslam l'imita, étira sa vaste envergure dégingandée en bâillant ostensiblement, puis quitta la pièce en proie à un profond sentiment de vacuité et de lassitude.

L'annonce eut toutefois les retombées escomptées en la personne d'une jeune fille de vingt-trois ans. En jean, baskets et tee-shirt marin, elle se présenta un matin à l'école pour postuler à l'emploi anachronique de modèle nu. Elle s'appelait Ludmila et était pure turquoise ; un petit soleil de blondeur ébouriffée, serti de vastes yeux de faïence bleue. Pure Kabyle dont la physionomie berbéro-romaine était l'indice le plus éloquent, on l'aurait aisément prise pour une Scandinave chue de ses latitudes septentrionales. Elle se révélerait la seule à répondre à l'annonce. D'une taille relativement petite, des jambes interminables et une magistrale cambrure la faisaient paraître plus grande qu'elle n'était, quand bien même le volume modeste de ses seins accentuait son dehors adolescent, l'amplifiant d'une touche « garçonne » d'une ambiguïté troublante.

Ce qui d'emblée frappa Abdeslam était ce visage qui irradiait une luminescence opaline, et sur lequel on pouvait autant lire une délicatesse confinant à la fragilité que la certitude volontaire d'une femme qui savait ce qu'elle voulait. De tous les étudiants envoûtés par la grâce lumineuse de l'ange, seul Abdeslam, bien que sous le charme, ne s'abandonna pas entièrement à la contemplation de la visiteuse inespérée. D'une part, il était déjà au travail, et ses yeux métamorphosaient virtuellement ce corps et ce visage en une première esquisse au fusain ; d'autre part, une indéfinissable inquiétude s'insinuait en lui, comme si sa sensibilité avait saisi, derrière ses atours éthérés, la part d'ombre de Ludmila.

Pour l'heure, et à l'issue d'une assemblée générale du Comité, il fut procédé à la création d'un fonds commun, alimenté par une cinquantaine d'étudiants et destiné à rémunérer le modèle. Les séances purent commencer dans un atelier qui, de la sorte, consomma définitivement son autonomie vis-à-vis de l'école, bien qu'étant toujours abrité par ses murs. Abdeslam y vit une retombée positive de son court entretien avec le Directeur — entretien qui jusque-là lui avait semblé désastreux. Celui-ci avait visiblement capitulé et lui laissait une marge de manœuvre inattendue. « Que chacun s'en tienne à son pré-carré », semblait-il lui signifier.

En effet, nulle tracasserie ne vint troubler la quiétude des longues heures d'études auxquelles Ludmila, douée d'une patience remarquable et d'une résistance physique à toute épreuve, se prêta avec un professionnalisme d'autant plus admirable que cette expérience constituait sa première du genre. Juste quelques mots sur l'émoi qu'elle répandait chaque matin en pénétrant dans l'atelier : elle saluait tout le monde d'un simple clin d'œil que l'on aurait pu supposer coquin si, dans un même temps, son sourire d'une franchise et d'une ingénuité enfantine ne venait balayer toute équivoque. Elle disparaissait ensuite dans un réduit attenant à l'atelier, pour en ressortir moins d'une minute plus tard dans sa « tenue de travail », nue, offrant à la lumière matinale et aux regards contemplatifs des étudiants les courbes divinement tracées d'un corps ferme et élancé.

Amusé et à la fois légèrement soucieux devant cette enivrante nouveauté qu'il avait introduite dans le programme d'études, Abdeslam voyait bien qu'il n'était pas un étudiant qui, chacun à sa manière, ne fût amoureux d'elle ; du platonique le plus niais au libidinal le plus bestial, chacun, en fonction de son type de métaphysique amoureuse, dessinait et sculptait Ludmila autant que le fantasme dans lequel elle le précipitait. Au hit-parade des sujets de conversation entre garçons de l'école, elle occupait la première place. Abdeslam tenait à éviter tout dérapage. Il savait que ses camarades n'étaient pas à proprement parler des enfants de chœur, et l'empressement malvenu de l'un d'eux pouvait tout gâcher en apportant la désolante confirmation que le modèle nu n'était pas soluble dans les mœurs locales.

Il n'y avait toutefois pas matière à s'alarmer. Ludmila semblait ceinte d'un champ de force invisible et infranchissable. Les semaines passaient sans que le temps parvînt à tisser entre les étudiants et elle le moindre entrelacs d'intimité ou, à tout le moins, de sympathie affichée. Elle avait pour seuls interlocuteurs Abdeslam et Elyas. Les étudiants avaient fini par se faire à cette distance et Ludmila s'était figée en une plastique virtuelle, accomplissant sa tâche avec une grâce mythologique ou presque, qui intensifiait son caractère inaccessible. Durant les longues heures où elle posait, son regard évoluait imperceptiblement vers un miroitement de mercure bleu qui disait l'absence ; comme si elle n'était jamais vraiment là, que sa façon de peupler ce lieu n'était pour elle qu'une façon d'en déserter un autre. Quelquefois, ce regard indéchiffrable croisait celui d'Elyas. Les yeux immenses retrouvaient alors pour quelques secondes leur éclat spontané et enfantin, un demi-sourire venant abolir pour un temps l'étrangeté de cette communion silencieuse.

Témoin de ce phénomène récurrent, Abdeslam se gardait soigneusement d'en déduire quoi que ce fût, mais ne parvenait pas à contenir une inquiétude qui allait grandissant.

Et pour cause. Dans le milieu de années soixante-dix, Elyas avait étudié la sculpture en ex-URSS, à l'Académie de Leningrad. Il jura à Abdeslam — en plus d'être son étudiant favori, celui-ci était devenu un confident — que Ludmila était la réplique incroyablement exacte d'une étudiante soviétique dont il avait jadis été fou amoureux. Comble de ce bégaiement du passé, l'étudiante s'appelait également Ludmila. L'histoire s'était terminée dans le drame et, depuis, Elyas avait proscrit de son chemin toute tentation amoureuse. Célibataire, monastique, il vivait depuis son retour de Leningrad sur une sorte de bande d'arrêt d'urgence, groupant toutes ses pulsions de vie en un même lieu : l'alcool ; celui de

Khayyam, de la sagesse et de la poésie, disait-il, mais la vérité de sa boisson semblait malheureusement plus triviale.

Il convient néanmoins de garder à l'esprit qu'Elyas fut véritablement le mentor d'Abdeslam. L'ascendant apparent de ce dernier sur son professeur n'illustre pas la nature profonde de leur relation. Son professeur était un artiste hors de pair, et son alcoolisme avait beau avoir fait de lui un être timoré, hanté par un perpétuel sentiment de culpabilité et de mélancolie, Abdeslam ne voyait pas moins en lui une espèce de surhomme, qui se dépassait et dépassait tous les autres artistes-enseignants de l'école par la maîtrise exceptionnelle de son art et la sobriété de son propos — sobriété qui contrastait agréablement avec la faconde pseudo-sémiotique de ses collègues, emmurés dans la suffisance de leur avant-gardisme. Ce fut sans doute l'une des raisons pour lesquelles Abdeslam ne lui en voulait pas d'affecter une passivité totale dans sa façon d'être au monde, d'exhaler ses malheurs et son hypocondrie au premier verre d'un quelconque alcool.

Pour détourer la personnalité d'Elyas, il fallait remonter aux années qui suivirent sa naissance dans le quartier historique de la Casbah. Il était le dernier-né d'une famille d'artisans dinandiers. À huit ans, alors qu'il passait la nuit quelques venelles plus loin chez une tante maternelle, la totalité de sa famille fut égorgée. Les riverains parlèrent d'une action du FLN, et soupçonnèrent du coup la famille de s'être compromise avec l'armée coloniale française. Nous étions alors en pleine bataille d'Alger. Elyas entamait son existence consciente devant le spectacle de sa famille égorgée en holocauste.

Cette nuit fut le cœur d'un cauchemar qui le hanterait à jamais ; ce cauchemar était signé : une étoile à six branches, peinte avec le sang des siens sur l'un des murs blanchis à la chaux de la modeste demeure ; cette étoile s'imprima dans la mémoire de l'enfant.

Sa tante le recueillit et l'éleva avec tout l'amour d'une véritable mère ; son oncle l'initia à la poterie dans l'échoppe qui les faisait subsister modestement. Il trouva ainsi refuge dans un monde d'argile ; avec ses petits cousins, il arpentait le littoral-est d'Alger à la recherche des rares et ténus filons de bonne glaise. Il apprit à doser les mélanges de terre, à concasser les mottes et les sécher au soleil, à en retirer soigneusement toutes les impuretés, graviers ou particules calcaires qui feraient inévitablement éclater les pièces à la cuisson. Il put ainsi passer au modelage et à la décoration. Sa palette était exclusivement composée des produits naturels que son oncle achetait sur les marchés de la basse-

Casbah : argiles blanches riches en kaolin, argiles ocre-rouge teintées par des oxydes de fer, pierre noire d'oxyde ferro-manganique, décoction de lentisques, de centaurées, de genévrier. La fascination qu'éprouvait Elyas pour cette alchimie de la décoration et du vernissage à base de résines bouillies fut vraisemblablement à la naissance de sa vocation artistique.

Rapidement, il allait surpasser son oncle par la richesse de ses motifs et sa maîtrise consommée des couleurs. Quelques années après l'indépendance, sa tante l'inscrivit à la Société des Beaux-Arts de leur municipalité, vestige encore opératoire de la présence coloniale récente, dans l'espoir qu'il y décrochât un diplôme. Son expérience artisanale pallierait aisément ses lacunes scolaires, pensait-elle. Elle souhaitait qu'il intégrât la fonction publique, que ce fût par le biais de l'enseignement ou celui de l'administration des affaires culturelles. L'artisanat était alors en déclin. Les temps changeaient. Malgré la paix et la liberté retrouvée, l'époque était brutale, sans concession, et un revenu régulier de fonctionnaire constituerait une précieuse sécurité.

Au début, l'oncle désirait qu'Elyas restât à ses côtés dans l'échoppe, mais il finit par se ranger aux arguments de sa femme. L'affaire familiale n'était plus ce qu'elle était, et même si l'espoir que fondait son épouse en leur neveu lui semblait quelque peu fantasmatique, il jugea néanmoins qu'il était bon qu'Elyas tentât sa chance hors de cette Casbah finissante. Il était en tout point plus doué que leurs trois fils, et ne pas lui donner cette opportunité eût été une impardonnable trahison à l'égard de ses parents défunts. Eux auraient souhaité ce qu'il y avait de mieux pour leur enfant.

Après trois années d'études, Elyas obtint une bourse du Grand Frère soviétique et partit pour Leningrad suivre une formation en sculpture monumentale à l'Académie Répine. Jusque-là, il avait été un adolescent secret, taciturne, n'existant qu'au travers d'une pratique artistique à laquelle il s'appliquait avec un goût presque ascétique. Rompu à la maîtrise de cette seule activité, Elyas accusait par ailleurs des retards affectifs profonds qui remontaient à cette nuit tragique de la Casbah. Cela devait cependant changer en URSS, lors de sa rencontre avec Ludmila, une jeune étudiante ukrainienne. Grâce à elle, il parvint enfin à s'aventurer hors de lui-même pour la première fois. Pour autant, parler d'une histoire d'amour dans le sens classique du terme ne serait pas approprié. Ludmila souffrait des mêmes inhibitions qu'Elyas, évoluait dans de semblables ténèbres. Peu communicative, solitaire, ce fut comme si elle avait décelé chez l'étudiant algérien un drame intime semblable au sien. Au départ, leurs échanges furent minimaux, mais disaient un élan encore inconscient de lui-même. Puis, la destinée de chacun alla poursuivre son cours dans celle de l'autre.

Sans doute était-ce dû en partie à la barrière de la langue, du moins au début, mais le seul lieu où la vérité du couple s'exprimait était la sexualité ; c'était une frénésie sans fin où la fréquence des rapports confinait à la boulimie. L'érotisme jouait le rôle de l'écran de fumée, rien en dehors du langage des corps ne s'exprimait réellement, et ce langage était le sable sur lequel s'échafaudait l'improbable charpente amoureuse. En guise de vie sociale, leurs mœurs étaient également réduites au minimum. Hors du cadre de leurs études dans lesquelles ils livraient la plus énergique part d'eux-mêmes, ils sacrifiaient une ou deux fois par semestre au cérémonial de la soirée entre étudiants, se faisant inviter dans les chambres de camarades avec qui ils n'entretenaient qu'un lien protocolaire. Cinq années s'écoulèrent ainsi où, au lieu de se faire don de leurs présences, ils partageaient leurs solitudes, se noyant dans une toxicomanie de la fornication et de l'isolement.

Le drame pouvait se nouer. La connivence muette qui les avait soudés avait une explication occulte, pour l'un comme pour l'autre ; c'était leur déni du monde qui avait joué le rôle de l'aimant et les avait fait plonger l'un dans l'autre. À eux deux, ils avaient fini par former la plus minuscule des sociétés secrètes, s'abîmant dans un mode de vie sectaire qui portait dès l'origine les germes de sa propre négation.

Un matin de mai, l'impasse fut atteinte. Ludmila mit fin à ses jours. Elle se précipita de la fenêtre de sa chambre, située au cinquième étage de l'un des bâtiments universitaires. Elyas n'apprit l'effroyable nouvelle que dans l'après-midi et, en compagnie de deux étudiants algériens, il passa la nuit à boire sur un terrain vague situé en bordure de la cité universitaire.

Après la sculpture et Ludmila, l'alcool fut ainsi la troisième et ultime rencontre de sa vie.

Lors des funérailles, Elyas devait apprendre le fait divers sordide qui avait été à la source de la personnalité insondable de sa fiancée. La tante de la défunte lui en fit un récit exprimé dans les termes secs et froids d'une coupure de presse. Cet étudiant étranger était donc, et depuis cinq années, le fiancé de la nièce qu'elle avait élevée ! Dans sa douleur, elle n'admettait pas que Ludmila eût pu lui cacher un fait aussi important si longtemps. Pour sa part, Elyas était en proie à une semblable incompréhension : comment, en ces mêmes cinq années, Ludmila avait-elle pu lui taire l'horrible événement dont elle avait été le témoin à l'âge de onze ans ? Une dispute parmi tant d'autres entre ses parents, mais qui fut la dernière. Son père, ivre mort, basculant dans la folie, décrochant du mur la hache, d'une main tremblante et imprécise sous les hurlements de supplication de sa femme et de ses deux enfants ; le petit frère de Ludmila se précipitant dans les bras de sa mère au moment où le père assenait un coup fatal à sa femme ; et le père de se faire avec hargne le bourreau de son fils avant de retourner la hache contre lui, fer contre gorge. L'état de choc allait plonger Ludmilla dans un coma de plusieurs jours. Tout comme Elyas, elle fut recueillie par sa tante. Comme lui, elle se passionnerait pour le dessin, la peinture, avant de trouver sa voie dans la sculpture. Elle savait tous ces points communs entre eux deux. Elyas s'était confié à elle, exprimant son drame à une tierce personne pour la première fois. Ludmila avait gardé le sien pour elle, et cela, il ne parvenait pas à l'admettre.

De retour à Alger, Elyas rejoignit l'école nationale des Beaux-Arts où, les premières années, il enseigna le dessin et l'anatomie avant de créer l'atelier de sculpture monumentale d'où sortirait la première promotion de l'Algérie indépendante. Là, il fit la connaissance de son fougueux élève, Abdeslam, et une complicité immédiate s'établit entre eux. Bien que de générations différentes et d'origines sociales opposées, l'art était la seule liberté en laquelle ils croyaient. C'était pourquoi, aux yeux d'Abdeslam, Elyas représentait le fruit d'un destin, la somme exacte de ce que la vie lui avait réservé ; du moins était-ce l'idée qu'il se faisait de son professeur, et se refusait à en déduire une quelconque complaisance de sa part.

Avec l'arrivée de Ludmila, le modèle, Elyas fut en proie à un sentiment ambigu. D'une part, il était ravi de ce que ses élèves travaillent enfin « dans les règles de l'art », sans avoir eu à batailler pour obtenir gain de cause. Sur ce front, Abdeslam, son élève le plus doué, en avait plus fait en quatre ans que lui en une douzaine d'années d'enseignement. Son atelier avait jusque-là été tenu pour le parent pauvre de l'école, où étaient échafaudées d'absurdes structures métalliques, dans un maelström effarant de tronçonneuses, de scies sauteuses et de laques multicolores criardes. D'autre part, la ressemblance stupéfiante entre le modèle et l'étudiante ukrainienne ravivait un souvenir insupportable qui, peu à peu, minait de façon périlleuse un homme trop fragile pour côtoyer un fantôme.

L'année scolaire toucha à sa fin sans que la rigoureuse routine soit déviée de son cours. Ludmila demeurait la chimère silencieuse qu'elle était depuis le début. Elyas, entre deux vins, dirigeait avec une générosité compassée les mémoires de fin d'année, en même temps qu'il luttait intérieurement contre l'éventualité que Ludmila devînt pour lui autre chose qu'un « objet » de travail. En quelques mois, le modèle avait perdu de l'agressive aura érotique des débuts. Elle inspirait désormais à Elyas une autre forme de curiosité, tendre et paternelle, et il s'interrogeait de plus en plus sur le moyen de se frayer un chemin vers son monde, comme pour aller demander des comptes à un vieux drame qui se révélait n'avoir pas connu sa conclusion. Il savait qu'il était le seul du groupe à lui inspirer autre chose qu'une indifférence polie. Elle n'avait pas raté une occasion de le lui signifier par le jeu d'un code subtil composé de sourires, du fait d'oublier sa main dans la sienne après l'avoir serrée, et, lorsqu'elle ne s'isolait pas, de discuter avec lui seul durant les pauses. Ces rares fois où ils eurent à parler, Elyas parvint à lever un coin du voile sur la personnalité impénétrable du modèle. Elle s'était confiée avec une touchante combinaison de solennité, d'humour et de sincérité.

Le moins que l'on pût constater était qu'elle ne se tenait pas en haute estime ; ses phrases étaient souvent colorées par un autodénigrement à peine masqué, trait de caractère qu'elle partageait avec la défunte fiancée d'Elyas. Après trois années d'études laborieuses mais peu couronnées de succès — elle avait doublé sa première année de biologie et s'apprêtait à faire de même pour la seconde —, elle avait jugé que ses aptitudes intellectuelles — « à l'esprit » disait-elle —

étaient tout simplement limitées et qu'il fallait en tirer les conséquences. Elle avait décidé d'aborder l'imprenable monde du travail, en orientant ses prospections vers des emplois essentiellement « physiques » : hôtesse d'accueil, serveuse, standardiste. Mais de tous ses employeurs potentiels, aucun ne fut suffisamment maître de ses instincts pour lui proposer un recrutement exempt de contrepartie « en nature ». Le temps passant sans qu'aucune opportunité sérieuse apparût, elle songea à reprendre la faculté. Elle tomba alors sur l'annonce d'*El Watan*. Elle n'en crut pas ses yeux. Des gens la paieraient pour la simple exhibition de son corps ? Elle n'aurait rien d'autre à prouver, et rien à craindre puisque les bénéficiaires du spectacle ne seraient que d'« inoffensifs étudiants en art » ? Pour elle, c'était une aubaine. Ce qu'elle ne disait pas, c'était ce que les siens pensaient de cet emploi. Leur en avait-elle seulement fait part ? Sinon, comment justifiait-elle auprès de sa famille ses allées et venues ? De quel quartier était-elle ? Ne craignait-elle pas le qu'en-dira-t-on ? Jamais Elyas ne l'interrogea sur ces points. D'une certaine manière, il ne voulait pas dissiper le halo qui entourait ce modèle venu de nulle part, et la façon heureuse avec laquelle Abdeslam avait contourné les lois coercitives de l'école en y imposant les mœurs académiques.

Au début du mois de juin, Abdeslam acheva avec son ami Lounis Khodja le bouclage de la revue *L'Éros et l'Infini*. Dans un article satirique, Abdeslam tirait à boulets rouges sur le *Maqam Ech-chahid*, le monument aux martyrs de la guerre de libération nationale. Érigé sur les hauteurs d'El Madania, celui-ci était composé de trois palmes convexes qui, disposées triangulairement, montaient en convergeant vers leur centre avant de diverger légèrement jusqu'à 80 mètres d'altitude. La réalisation de l'édifice en béton avait été assurée par une entreprise du Canada, à l'aide d'une ligne de crédit accordée à l'Algérie par ce pays — une affaire de plusieurs milliards. En contrebas du monument, l'entrepreneur Lavalin avait également mené à terme un immense et luxueux centre commercial qui jouxtait les quartiers miséreux de Clos-Salembier. Ce « complexe socioculturel » devait devenir le temple du néolibéralisme à l'algérienne, ainsi que le tombeau des slogans creux du défunt « socialisme spécifique ». Sous la présidence de Chadli Bendjedid, de nombreuses fortunes s'y bâtiraient, de hauts dignitaires du régime y blanchiraient l'argent de la corruption en y acquérant des locaux gérés par des hommes de paille, le trabendo y fleurirait en imposant aux yeux du monde l'irrésistible montée en puissance de l'économie parallèle. C'était l'heure du « Chadlisme » triomphant, du consumérisme obligatoire qui tranchait avec les austères années de son prédécesseur, Houari Boumédiène. Mais, dans son article, Abdeslam se contentait de prendre acte du viol esthétique commis sur la population algéroise. Il proposait que le monument fût déconstruit et reconstruit dans le sens inverse, en le plongeant dans la terre préalablement forée. Pour Abdeslam, l'apect phallique du *Maqâm* était une métaphore éloquente : la terre d'Algérie avait autant été fécondée par l'Histoire que « niquée » par ses dirigeants actuels. Le monument devait donc la pénétrer, incontestablement.

Juin arriva et Abdeslam sollicita un entretien avec le Directeur afin de discuter des modalités de la traditionnelle fête de fin d'année. Celui-ci ne consentit pas à le recevoir, mais ce refus était accompagné d'un courrier lui donnant l'autorisation de tenir cette fête et lui accordant carte blanche pour son organisation. Tout le monde se mit à pied d'œuvre et, par l'un de ces brûlants après-midi de juin, une collation put être proposée, ainsi qu'une animation hispano-andalouse assurée par une troupe de flamenco locale. Lounis Khodja, l'étudiant le plus proche de Abdeslam, avait dissimulé dans l'atelier de sculpture une barrique de sangria préparée par ses soins quelques jours auparavant. Alors que la fête battait son plein, il s'y rendait régulièrement accompagné d'Elyas et d'autres étudiants. Le discret rituel inquiétait Abdeslam ; il savait trop bien que son professeur ne tenait pas l'alcool, et il en voulait à Lounis d'avoir introduit cette dangereuse tentation dans les murs de l'école. Ces virées bachiques n'auguraient rien de bon. Il tenta de s'entretenir une ou deux fois avec Elyas à ce propos, mais en vain. Celui-ci avait sombré rapidement dans un étourdissement mélancolique, la langue pâteuse et le propos rendu confus par le vin. Débordé par la régie de la fête, Abdeslam chargea Lounis Khodja de garder un œil sur le professeur. Lounis le rassura en lui disant qu'il pouvait compter sur lui.

Les deux étudiants s'étaient connus durant leur service militaire. Ayant tous deux rejoint la caserne de Blida avec la classe 67 B, ils avaient sympathisé dès les premiers jours du FCB. Rien ne laissait pourtant présager la naissance de cette amitié — qui se révélerait durable — entre deux « sous-officiers » dont les caractères étaient diamétralement opposés. Face au volontarisme enjoué d'Abdeslam, Lounis était quelqu'un de fondamentalement négatif et doté d'un cynisme acéré qu'il manipulait avec la virtuosité d'un lanceur de couteaux. Ne croyant en rien, pas même en ses doutes, il affichait l'ambition paradoxale d'un individu décidé à rater consciencieusement sa vie. Son argument tenait en une simple pirouette rhétorique : « La vie m'a raté, maintenant c'est à mon tour. » Lounis faisait allusion à son physique particulièrement ingrat. Il avait hérité de plusieurs stigmates dégénératifs dus à une longue lignée de mariages consanguins : un menton excessivement avancé, de trop grandes oreilles décollées, un front étroit, un nez busqué, et des yeux anormalement éloignés l'un de l'autre. Ces signes ne préjugent pas forcément de l'état mental de la personne qui en souffre et, dans le cas de Lounis, nous avions affaire à une intelligence supérieure mais négative, au service exclusif d'une amertume et d'une agressivité qui ne s'atténuaient pas avec les années. Une sorte de pacte liait les deux garçons. Abdeslam incarnait la part de lumière de Lounis, et ce dernier le côté obscur d'Abdeslam. Sans doute avaient-ils le sentiment inconscient d'être complémentaires dans leur traversée de la vie. Cela avait souvent été le cas, d'abord à l'armée puis aux Beaux-Arts, quoique cette alliance allât se dissoudre très exactement cet après-midi de juin, lorsque la fête toucherait à sa fin.

Ludmila était arrivée peu avant le crépuscule, vêtue d'une simple robe d'été à raies blanches et bleues, de sandales en cuir, et de plusieurs colliers de jasmin autour du cou. Elle resta un long moment dans un coin de l'immense réfectoire qui résonnait du joyeux vacarme de la fiesta, légèrement nerveuse, jouant avec ses bracelets berbères en argent serti de corail. C'était la première fois qu'Abdeslam la voyait coiffée. Elle avait ramené sa chevelure folle en un sage chignon maintenu par trois crayons de couleur, et qui découvrait le duvet blond de sa nuque. De nombreux étudiants la saluèrent au passage mais, comme à l'accoutumée, nul n'engagea de réelle conversation avec elle. Les filles la tinrent également à l'écart ; elles ne l'appréciaient guère, surtout les plus jolies, auxquelles Ludmila avait involontairement volé la vedette ces derniers mois.

Elle semblait mal à son aise et, dans ce décorum tonitruant, perdait toute l'assurance qui était la sienne durant les séances de pose. Le paradoxe était foudroyant, bien qu'un moment passât avant qu'il ne s'impose à Abdeslam : nue, Ludmila était comme dans son élément ; exhiber son corps ne la mettait jamais dans la gêne ; elle semblait au contraire dans un état de profonde paix intérieure. Habillée, on aurait dit qu'elle souffrait par excès d'une pudeur inversée, ne supportant pas que des vêtements s'immisçassent entre le monde et elle. Dès qu'une séance de pose s'achevait, elle quittait l'atelier comme si elle n'était plus que l'ombre portée d'elle-même, et on ne réalisait qu'après coup qu'elle n'était plus là. À sa manière, elle incarnait une figure d'Ève, mais d'Ève triomphante, avant la Chute. Abdeslam tenta de mettre ce comportement mystérieux sur le compte d'une irraisonnable vue de son esprit. L'avenir montrerait qu'il n'y avait là rien d'irraisonnable.

En maître de cérémonie, Abdeslam ne cessa de s'affairer au buffet, parvint à régler les quelques problèmes de sonorisation qui se posèrent, et essaya de mettre la main sur le Directeur qui demeurait introuvable. Il tenait à lui arracher un discours pour la circonstance. C'était la première fois en quatre ans que ce dernier n'assistait pas à la fête rituelle. Il n'était pourtant pas loin. En coulisse, un désastre couvait.

Il était près de 20 heures et le jour déclinait. L'orchestre avait plié bagage. La salle, surchauffée en ces derniers jours de printemps, exhalait un suffocant parfum de tabac et de sueur mêlés. Des groupes d'étudiants s'étaient formés un peu partout, à l'intérieur des classes et dans les jardins de bambous de l'école. Quelques rares couples flirtaient au son de la chaîne stéréo qui, branchée sur l'amplificateur de la sono louée, diffusait une musique douce à faible volume. Aidé de quelques camarades, Abdeslam entreprit un premier tour de ménage, remplissant de grands sacs poubelle des déchets divers qui jonchaient le sol. Ce fut lui qui ramassa près de l'estrade les trois crayons de couleur. Il s'apprêtait à les jeter dans le sac lorsqu'il réalisa que ces crayons étaient ceux du chignon de Ludmila. En proie à un désagréable pressentiment, il chercha celle-ci du regard. En vain. Il sortit dans la cour, s'y promena un instant, emprunta l'allée de lauriers-roses qui menait à l'atelier de sculpture. Il interrogea les quelques étudiants qu'il croisa en chemin, mais aucun ne put le renseigner. Lounis Khodja était également introuvable. Autre absence, celle d'Elyas. L'inquiétude d'Abdeslam monta d'un cran, bien que rien de précis ne justifiât ses appréhensions.

Puis il les vit en contrebas : le Directeur de l'école, suivi de deux policiers en uniforme. D'un pas décidé, ils s'éloignaient du bâtiment administratif en se dirigeant manifestement vers l'atelier. La vision de l'inquiétant cortège précipita Abdeslam dans un violent orage émotif. Sa bouche se dessécha, son pouls s'accéléra, tandis qu'il s'interrogeait sur le sens de la scène invraisemblable qui s'offrait à ses yeux. « Quelque chose se passe là-bas », songea-t-il en tentant de recouvrer son calme. Des idées contradictoires s'entrechoquèrent en lui sur l'attitude à adopter. Sentant confusément que sa présence pouvait désamorcer la situation quelle qu'elle fût, il se mit d'un coup à courir de toutes ses forces, décidé à atteindre les lieux avant le Directeur et ses acolytes.

Au tiers de sa course masquée par une vaste haie de bambous, une ombre surgie de nulle part bondit sur lui et le jeta à terre. Reprenant ses esprits, Abdeslam entreprit de se débattre comme un forcené, éructant des insultes incohérentes, mais la supériorité physique de son agresseur lui interdisait tout mouvement susceptible de le libérer de la puissante étreinte. Ce dernier finit par lui immobiliser les bras derrière le dos, tandis qu'Abdeslam gisait à plat ventre sur le sol poussiéreux. Tendant jusqu'à l'extrême les muscles de son cou, il parvint néanmoins à tourner suffisamment son visage vers l'assaillant pour l'identifier. Il s'agissait de Lounis Khodja. « Ton professeur préféré est un foutu obsédé, lui siffla-t-il, et tu ne peux rien pour lui. Alors reste tranquille. »

Abdeslam ne comprit pas un traître mot des propos de son ami. Alerté par une série de coups sourds, il ramena son regard vers l'atelier. Le verrou de la porte finit par céder sous les assauts répétés du plus massif des policiers, et Abdeslam fut le témoin impuissant de leur irruption. Des cris s'élevèrent aussitôt de l'intérieur. S'étant assuré qu'il respecterait ses consignes, Lounis l'aida à se relever ; ensemble, sans échanger un mot, ils attendirent la suite des événements.

Elyas sortit les mains menottées, encadré par les deux policiers ; le directeur suivit en tenant par le bras Ludmila. En la voyant, Abdeslam eut un haut-le-cœur. Sa robe était déchirée en plusieurs endroits, sa coiffure était défaite et ses yeux reflétaient la terreur. Afin de protéger sa gorge apparente, le directeur l'avait recouverte de sa veste. La sinistre procession rebroussa chemin vers la sortie de l'école. Abdeslam chercha sans succès à accrocher le regard de son professeur puis, croyant défaillir, se laissa choir en bordure de l'allée et prit sa tête entre ses mains.

Que s'était-il passé ? Quel était ce cauchemar ? Lounis s'agenouilla à ses côtés et, le visage déformé par un rictus cruel, lança : « Que justice soit faite. »

Son attitude brusquement hostile à l'encontre d'Elyas ne trouverait jamais d'explication, ou, à tout le moins, pas dans un futur proche.

La conversation qu'il eut alors avec Abdeslam devait être la dernière, et elle mettrait fin à une amitié vieille de plusieurs années. Lounis brossa une rapide genèse des événements, avant d'émettre un aberrant jugement moral qui détonnait inexplicablement avec le système de valeurs qu'Abdeslam lui connaissait. À un stade avancé de son ivresse, Elyas avait invité Ludmila à danser. Elle avait accepté, défaisant gracieusement son chignon, et entama avec le professeur un tendre *slow* où les deux corps demeurèrent enlacés un long moment. Séparément, ils avaient ensuite quitté la salle pour se retrouver à l'atelier de sculpture dont seul Elyas détenait les clés. Se déclarant écœuré par le comportement irresponsable du professeur, Lounis avoua avoir alerté le Directeur de l'école, qui avait alerté à son tour la police.

Abdeslam ne savait que penser de cet enchaînement de faits : pourquoi Lounis avait-il agi ainsi ? Si son professeur avait effectivement cédé à cette pulsion, ce qu'Abdeslam avait craint depuis le début et mettait sur le compte du dramatique épisode soviétique, en quoi son arrestation était-elle justifiée ? D'une part, Ludmila était majeure ; d'autre part, elle n'était pas une élève de l'école et était de ce fait libre de son choix. Cette interrogation en soulevait une autre : pourquoi semblait-elle avoir subi des violences ? Elle avait rejoint Elyas de son plein gré et, même ivre, ce dernier aurait été incapable de lui faire du mal.

L'une de ces questions trouverait réponse dans les jours qui allaient suivre, les autres, des années plus tard.

Le lendemain des faits, Abdeslam fut convoqué par le Directeur. Ce dernier lui apprit que la dénommée Ludmila Moussaoui était âgée de dix-sept ans et avait fugué cinq mois auparavant. Ses prétendues études de biologie étaient une mise en scène destinée à justifier les vingt-trois ans qu'elle annonçait. Par la légèreté avec laquelle il fut procédé à ce recrutement illégal, Abdeslam avait porté atteinte à la réputation de l'établissement de manière inadmissible. Savourant manifestement son triomphe, le Directeur joua d'une clémence condescendante, annonçant à Abdeslam qu'il ne serait pas expulsé dans l'immédiat. Il pouvait rester à ces deux conditions : démissionner de la tête du Comité des étudiants, et présenter son mémoire de fin d'études dès la rentrée de septembre, après quoi il devrait définitivement quitter l'école. L'atelier de sculpture monumentale, dont l'enseignement était jugé caduc, serait remplacé par une extension de celui de sculpture moderne.

Elyas fut jugé à huis clos et écopa d'une peine de quinze années de prison ferme pour violences et détournement de mineur. Abdeslam ne parvint pas à faire la lumière sur ce drame absurde. Il voulut se rendre à la prison où était détenu son professeur, mais le règlement réservait le droit de visite aux seuls membres de la famille des détenus. Il ne parvint jamais à retrouver la trace de Ludmila Moussaoui. Quant à Lounis Khodja, Abdeslam ne le reverrait pas de tout l'été, et le croiserait une ultime fois lors de sa soutenance de thèse en septembre. Ils n'échangeraient alors pas un seul mot.

Durant les mois de juillet et août, les parents d'Abdeslam, comme chaque été, passèrent leurs vacances au bled, laissant leur fils seul dans l'appartement familial du quartier de Meissonier. Quelque chose en Abdeslam s'était définitivement gelé, et ses questionnements obsédants reposèrent sous la glace les deux mois qu'il travailla à la sculpture en taille réelle de Ludmila. Il avait déjà achevé à l'école son positif en argile, et les deux premières semaines furent consacrées à la fabrication du moule en plâtre. Lorsque celui-ci eut séché, il procéda au démoulage, et l'argile se désagrégea, disparaissant de la même manière qu'avait disparu Ludmila elle-même, et avec elle, Elyas, Lounis Khodja et ce qui avait été l'exaltante période des Beaux-Arts.

Dans ce moule, il coula du plâtre et, en septembre, ce nouveau positif retravaillé était prêt pour la soutenance de thèse. Parallèlement, il rédigea un mémoire de fin de cycle plein d'amertume, en forme de condamnation en règle de l'enseignement dispensé à l'école. Il le conclut par ces mots : « L'ESBA ne fonctionnant qu'au travers d'une vague orientation libérale, dans le sens péjoratif du terme, l'atelier d'Elyas, dans lequel j'ai évolué au long de mon cursus, a souffert de l'incompréhension totale et du mépris viscéral du département de la scolarité, à cause de son option académique que la politique insensée de l'ESBA qualifie de frein à l'évolution. Quelle évolution ? Je me retrouve aujourd'hui en fin de cursus précoce, pour des raisons sordides sur lesquelles personne n'a jugé utile de s'interroger, s'empressant de les prendre pour argent comptant, ce qui a conduit à l'anéantissement de l'ultime citadelle d'universalisme au sein de cette école. Je n'affirmerai pas pour autant que je n'ai rien appris lors de ces quatre années. Grâce à l'enseignement d'Elyas, je quitte l'école avec un savoir-faire équivalent à celui que l'on peut acquérir dans les écoles de pays qui font la différence entre l'art et l'idéologie. Mais le résultat auquel je suis arrivé n'est que l'antithèse d'un système pédagogique suicidaire : je ne suis pas un produit objectif de l'école supérieure des Beaux-Arts. Ne pas obtenir mon diplôme serait une sanction qui, en un sens, m'agréerait. »

La soutenance de thèse fut agitée. Violemment pris à partie par des professeurs qui exigèrent de lui toutes sortes d'inepties, dont une « lecture plastique » ainsi qu'un commentaire « méta-esthétique » de l'œuvre, Abdeslam laissa exploser sa colère et l'examen s'acheva dans des tirs croisés d'insultes. Les examinateurs ne manquèrent pas de lui rappeler qu'il s'était rendu complice d'un détournement de mineure, commis par un professeur alcoolique qui avait fait la honte de l'école. Tout était consommé. À l'aide d'une barre de fer, Abdeslam détruisit sur place la sculpture de Ludmila. Il ne chercha jamais à savoir si son acte était dirigé symboliquement contre le modèle qui avait brisé la vie de son professeur, ou s'il était une manière de mettre fin à ce qui jusque-là avait été sa vision des choses.

Le lendemain, le Directeur lui remit néanmoins son diplôme en ironisant : « J'espère que ce DESA à l'en-tête de l'école ne sera pas trop lourd à porter. »

Elyas décéda en février 1995 lors des émeutes qui éclatèrent à la prison de Serkadji et firent deux cents morts. Ayant tiré un trait sur ses idéaux artistiques, Abdeslam suivit une formation en infographie avant d'intégrer l'agence de communication où je devais le retrouver quelques années plus tard.

N'étant jamais retourné au Centre d'Études diocésain depuis la fin de sa scolarité, Abdeslam fut ému de revoir le père Jean-François — une émotion partagée par le religieux. Âgé d'une soixantaine d'années, cet Assomptionniste était, je l'ai dit, l'un des meilleurs Orientalistes qui fut. Son amitié avec Elyas remontait au début des années quatre-vingt, lorsque le sculpteur était revenu d'Union soviétique et que le père lui-même visitait pour la première fois l'Algérie entre deux séjours en Iran, en Irak ou Syrie.

Dans la cour du Centre diocésain, des cigales se répondaient en canon et un parfum blond, mêlé de jasmin et de glycines, s'élevait par bouffées dans l'irradiation des pierres chauffées à blanc par le soleil.

Le lieu appelait la paix, mais ce que nous apprit le religieux expliquait la guerre. L'invraisemblable voyage de l'apparent vers l'occulte pouvait alors débuter.

Deuxième partie

El bâtin

(l'occulte)

Première Intelligence

Une large partie des faits que je vais rapporter ici sont largement connus du grand public. Les théologiens, historiens, islamologues, romanciers les ont souvent consignés dans leurs travaux. Ces faits, qui forment la genèse du drame qui se joue aujourd'hui dans mon pays, méritent néanmoins une explication, ou plutôt des explications qui s'ordonnent concentriquement comme les Eons des sagesses anciennes. La date clé est le 3 septembre 1090, mais la généalogie du chaos remonte bien avant, le jour de la mort du prophète de l'islam.

Mohammed, *âlayhi es-salât oua es-slâm*, décéda sans laisser d'indications sur les modalités de sa succession. Tous ses fils étaient morts en bas âge. De là devait découler tout le reste, les dissidences meurtrières dès les premiers temps de l'islam, les califes assassinés par des lames musulmanes — dont le quatrième, 'Alî, le fut au sein même d'une mosquée — une multitude de sectes, d'écoles, de rites.

Première explication : ces schismes furent toujours d'essence politique, et visaient à une dénonciation du pouvoir en place ; les doctrines religieuses sectaires n'en étaient qu'une justification, et le syncrétisme spiritualité-temporalité typique à l'islam fait que, jusqu'à nos jours, toute contestation sociale et politique en terre d'islam trouve son prolongement naturel dans le corpus religieux. Si le christianisme rend à César ce qui appartient à César en se préoccupant essentiellement du destin éternel des âmes, et si le judaïsme se limite à l'attente du messie en vue d'une transfiguration de la seule vie terrestre, l'islam, lui, prend place entre les deux théodicées, et accorde une importance égale au monde d'ici-bas et à l'au-delà.

Même si l'islam est aujourd'hui à très forte dominante sunnite, donc orthodoxe, il n'en demeure pas moins que son histoire fut jalonnée d'innombrables hétérodoxies dont le chiisme fut la matrice la plus féconde. De ce chiisme naîtrait l'ismaélisme, de l'ismaélisme le fâtimisme, du fâtimisme le nizârisme, et du nizârisme les Hashâshîne, ou Assassins, l'ordre qui inventa le terrorisme. Le chiisme originel est né du conflit qui opposa les partisans de 'Alî, cousin et gendre du prophète, à ceux qui jugeaient que le califat ne devait pas forcément échoir à la famille de Mohammed. Les chiites mirent également en avant les vertus incomparables de 'Alî, qualités qui avaient fait de lui le compagnon préféré du prophète. Ils durent s'opposer ainsi aux trois premiers califes de l'islam, avant que cette charge revînt enfin à 'Alî. Mais en 661, après cinq années en tant que commandeur des croyants, il fut assassiné par Ibn Muljam, le membre d'une secte dissidente du chiisme, celle des Kharidjites, qui lui reprochaient de ne pas reconnaître le principe de plébiscite (fondement, sciemment ignoré, de l'autorité en islam) dans la désignation de l'imam.

Deuxième explication : la contestation au nom de Dieu suppose toujours plus contestataire que soi.

La succession revint à Mu'âwiya, qui fonda la dynastie omeyyade, et auquel les chiites allaient de nouveau s'opposer afin que le califat échût aux descendants de 'Alî. Pour les chiites originels, appelés duodécimains — car croyant en une succession de douze imams après 'Alî — l'imamat doit se confiner à la stricte lignée des descendants du prophète. Les cinq premiers imams après 'Alî furent : Al-Hasan (fils de 'Alî), al-Husayn (frère d'Al-Hasan), puis, de père en fils : 'Alî Zayn al-'Abidîn, Muhammad al-Bâqir, puis Ja'far as-Sâdiq. Ce fut après ce cinquième imam qu'apparut la dissidence ismaélienne : Ja'far as-Sâdiq avait désigné comme successeur son fils, Ismâ'il, mais celui-ci mourut avant son père. Pour les chiites duodécimains, Ja'far désigna alors un autre de ses fils, plus jeune, Mûsa l-Kâzim. Suivent alors six autres imams dont le dernier, Mohammed, disparut en 875 alors qu'il n'était qu'un enfant, et devait demeurer caché (*Mukhfî*, occulté) jusqu'à sa réapparition mille ans avant le jugement dernier afin de rétablir la justice sur terre, soit le millenium. Du moins est-ce la croyance partagée par la grande majorité des chiites d'aujourd'hui, et ce chiisme duodécimain est la religion officielle de l'Iran actuel.

Troisième explication : nulle mystique ne peut se déclarer sauve du messianisme, et de son corollaire politique, le millénarisme.

Mais les ismaéliens, jugeant que l'imamat devait rester dans la descendance d'Ismâ'il, affirmèrent qu'après la mort de celui-ci Ja'far aurait confié la succession à son petit-fils Mohammed ibn Ismâ'il, fils d'Ismâ'il. À partir de 680, sous le règne du calife Yazîd, les premières révoltes chiites éclatèrent contre la dynastie ommeyade ; Al-Husayn, deuxième fils de 'Alî, se fit tuer lors d'une bataille à Karbalâ. En 685, le chiite Al-Mukhtâr parvint à créer en Irak les bases d'un État, mais il fut vaincu et tué en 687. Il laissa derrière lui la secte qu'il avait créée, celle des kaysânites, dont la doctrine extrémiste fut servie par une puissante organisation. Al-Mukhtâr s'était proclamé *dâ'i* (propagandiste) de Mohammed ibn al-Hanafiyya, demi-frère d'Al-Hasan et Al-Husayn, fils de 'Alî, mais non de Fâtima, fille du prophète, donc ne descendant pas directement de celui-ci. La secte kaysânite se subdivisa alors en plusieurs sous-sectes auxquelles se mêlèrent toutes sortes d'imposteurs se réclamant abusivement de la lignée de 'Alî ou de Mohammad al-Bâqir, le cinquième imam légitime, décédé en 735. En 740, sous le califat de Hishâm, Zayd ibn 'Alî, le frère de ce cinquième imam légitime, mena une révolte contre les Omeyyades. Il fut tué, ce qui donna naissance à la nouvelle secte des zaydites. Ce fut alors que le processus schismatique s'inversa pour voir la naissance d'un grand rassemblement chiite dont les Abbâssides (s'affirmant descendants du prophète par son oncle, 'Abbâs) prirent la tête en la personne du propagandiste Abû Muslim, et dont l'insurrection aboutira à la chute du califat omeyyade en 750. Mais des dissensions apparurent de nouveau entre le nouveau califat abbâsside et les Alides (descendants de 'Alî) ; ces derniers se sentirent trahis par les Abbassides qui préférèrent opter pour une continuité religieuse sunnite plutôt que chiite. Ce sentiment de trahison fut à la source de nouveaux mouvements messianiques dérivés du gnosticisme, du manichéisme et de diverses autres hérésies. Mais comme affirmé plus haut, l'objectif de ces sectes demeurait avant tout le renversement du pouvoir en place afin d'introniser un imam jugé légitime. Cette légitimité devint rapidement liée à Fâtima, fille du prophète.

Quatrième explication : toute théologie revient immanquablement à la Filiation comme à sa Loi, dans l'ordre sociétal.

C'est là qu'entre en scène la dissidence ismaélienne fatîmide. Ces derniers, se réclamant d'Ismâ'il et de ses descendants, fondèrent alors une secte dont la portée doctrinale est de loin la plus élaborée de l'histoire musulmane. Pour eux, les descendants de 'Alî et de Fâtima par Ismâ'il étaient d'essence divine et incarnaient les vérités ésotériques occultes pour le profane, qui est lui limité à une connaissance exotérique de la religion. La véritable connaissance, détenue par une hiérarchie de *dâ'i*, n'était accessible que par l'interprétation ésotérique du Coran et de la tradition du prophète (*Ta'wîl al-Bâtin*). Aux autres était dévolu un islam d'émotion, fondé sur le mythe de la souffrance des imams, de la passion, du don de soi. Alors que le califat abbasside, en pleine décadence, se coupait progressivement de la société musulmane, les Bouyides, une dynastie de chiites duodécimains, prirent Baghdad en 946 et placèrent le califat sous contrôle chiite. On aurait pu croire alors à une victoire du chiisme traditionnel modéré, mais ces derniers n'ayant plus d'imam vivant (le dernier s'était occulté soixante-dix ans auparavant), ils décidèrent de maintenir sous leur contrôle les Abbassides en tant que califes titulaires. Le résultat en fut un discrédit total des deux califats sunnites et chiites modérés. Les populations musulmanes, dont la pauvreté s'aggravait à mesure que se constituait une importante caste de privilégiés issus des bouleversements économiques des VIIIe et IXe siècles, avaient des aspirations religieuses auxquelles le légalisme orthodoxe institutionnel n'apportait que peu de réponses. Ce fut dans ce contexte avide d'un nouvel ordre temporel et spirituel que les *dâ'i* ismaéliens remportèrent leurs premières victoires, particulièrement au cours d'une mission au Yémen, vers la fin du IXe siècle, qui provoqua des conversions massives. De là, d'autres missions allaient récolter de semblables succès en Inde et en Afrique du Nord. En 909, l'imam caché put ainsi réapparaître et se proclamer calife de l'Afrique du Nord. La dynastie fatîmide fut alors fondée, avec l'objectif à terme de renverser le califat abbasside et de prendre la tête de la communauté islamique. En 969, la vallée du Nil fut occupée, puis la Palestine et la Syrie du sud. Les Fâtimides fondèrent la cité du Caire où fut élevée la mosquée El-Azhâr, aujourd'hui la plus importante université de sciences islamiques.

L'Empire s'étendait alors de l'Afrique du Nord jusqu'aux villes saintes de La Mecque et de Médine, en passant par la Sicile, le littoral africain et la mer Rouge. Des *dâ'i* formés à El-Azhâr allèrent porter la parole ismaélienne en Perse et en Asie centrale. Mais cette irrésistible ascension des Ismaéliens allait bientôt être mise en échec par l'avènement de conquérants turcs nouvellement convertis à l'islam. Le zèle de leur orthodoxie et leur efficacité militaire parvinrent à rétablir la stabilité du califat abbasside en Asie du Sud-Ouest. Ce retour à une unité religieuse et politique sunnite fut favorisé par les dissensions qui apparurent bientôt au sein du califat fatîmide.

Cinquième explication : le rêve d'un royaume théocratique meurt moins de ses folies que des divisions, des schismes qu'il engendre en son sein.

Des ismaéliens conservateurs prônèrent alors un retour aux valeurs orthodoxes de l'islam, arguant du fait qu'une dynastie digne de ce nom ne pouvait se construire sur la gnose hermétique des mystères ésotériques. Ce fut durant le règne du huitième calife fatîmide, Al-Mustansir (1036-1094), que ce schisme interne entraîna le déclin du califat. En 1074, le gouverneur d'Acre inféodé aux fatîmides, Badr al-Jamâlî, se rendit au Caire où il procéda à un arbitrage à l'issue duquel il devint le nouveau maître. Les ismaéliens de Perse trouvèrent inadmissible que les fatîmides devinssent de la sorte les vassaux de maîtres de guerre dépourvus de la dimension spirituelle qui avait fondé la mission depuis le début. À la mort du calife Al-Mustansir, le chef militaire eut à nommer un successeur fantoche à la tête du califat. Deux possibilités s'offraient alors : Nizâr, fils aîné et héritier d'Al-Mustansir, apprécié des chefs ismaéliens, et Al-Musta'li, frère cadet de Nizâr, adolescent sans envergure ni relais dans la communauté ismaélienne. Al-Afdal, fils et successeur d'Al-Djâmalî, choisit ce dernier, plus susceptible d'être manipulé à souhait, et qu'il avait d'ailleurs marié auparavant à sa sœur dans cette perspective. À la suite de cette proclamation, Nizâr s'enfuit à Alexandrie où il prit la tête d'une insurrection à l'issue de laquelle il fut capturé et exécuté. Ce califat usurpé d'Al-Musta'li acheva de diviser la secte, coupant le territoire fatîmide de ses excroissances orientales, cependant qu'en 1097, en Syrie, apparaissaient les croisés. En 1099, ceux-ci prirent Jérusalem. Les ismaéliens de l'est (Iran et Syrie) se réclamèrent de Nizâr et sa lignée, et rompirent avec le Caire. Deux branches de la secte subsistèrent : l'une se réclamant d'Al-Musta'li, sans vie spirituelle ou politique véritable, et qui constitue l'« ancienne prédication », l'autre revendiquant le califat de Nizâr, et dont la doctrine s'élabora considérablement en devenant la

« nouvelle prédication » (*ed-daâwa el djedida*). Inséparable d'une action politique révolutionnaire, elle allait bientôt beaucoup faire parler d'elle.

Sixième explication : pour conserver le pouvoir, une religion doit se parer de la nouveauté et de la radicalité.

L'invasion des Turcs seldjoukides à cette époque vit la naissance d'un nouvel empire dans lequel une nouvelle aristocratie constituée par les officiers victorieux éclipsa celle des Arabes et des Perses. La nouvelle prédication des nizârites, en raison de sa critique virulente de l'orthodoxie sunnite prônée de manière coercitive par la puissance militaire turque, attira alors les mécontents du nouvel ordre établi. À leur tête, un théologien révolutionnaire nizârite : Hassan Sabbâh. Né à Qum, d'un père chiite imamite de Kûfa, il fit ses études à Ravy où, à l'âge de dix-sept ans, il se convertit à l'ismaélisme. En 1071, il devint suppléant du *dâ'i* ismaélite en chef dans les territoires seldjoukides, puis fut envoyé en Égypte en 1077 où il suivit une formation théologique durant trois ans. De retour en Iran en 1081, il mena une intense campagne de propagande dans la région du Daïlam, peuplée de montagnards déjà convertis au chiisme traditionnel. Le 3 septembre 1090, à l'aide de convertis de la garnison, il s'empara de la mythique forteresse rocheuse d'Alamût, située à 1800 mètres d'altitude dans les monts de l'Erbouz. Il en fit le siège de ce qui allait devenir l'ordre des Assassins. D'autres châteaux forts tombèrent bientôt entre ses mains, par des actions armées ou par les succès doctrinaires de la « nouvelle prédication » nizârite. Ils furent ingénieusement organisés de manière à se suffire à eux-mêmes et soutenir n'importe quel siège pendant de longues durées. À partir de 1091, Hassan Sabbâh envoya dans la région du Qûhistân un propagandiste qui, à la tête des populations ismaéliennes, s'empara de plusieurs villes et d'une partie de la province. Face à ces succès qui déstabilisaient l'ordre turc, le sultan seldjoukide Malikshâh lança en 1092 une expédition contre Alamût.

À cette occasion, les hommes de Hassan Sabbâh — les *fidâ'îne* : ceux qui se sacrifient — mirent en application une méthode de lutte spectaculaire, que l'on appellerait plus tard « terrorisme » : Nizâm Al-Mulk, le célèbre vizir des sultans seldjoukides, fut poignardé. Un mois plus tard, le même sort fut réservé au sultan Malikshâh lui-même, ce qui eut pour conséquence la levée du siège d'Alamût. L'assassinat de personnalités remplaçait les guerres de position classiques. Les *fidâ'îne* opéraient toujours de la même manière : après s'être introduits dans les rangs ennemis, ils gagnaient la confiance des chefs, puis passaient à l'acte en leur donnant rituellement la mort à l'aide d'un couteau à lame d'or. Pour les *fidâ'îne*, la priorité demeurait la réussite de l'assassinat, et peu leur importait d'être pris par la suite, lynchés, comme ce fut souvent le cas, ou exécutés. Au contraire, le sacrifice mené à son terme incluait la mort de l'Assassin en martyr. Ce moyen simple et efficace d'accélérer les changements politiques ne fut cependant pas une invention des Assassins. Nous avons vu plus haut que le « tyrannicide », ou « régicide » apparut dès les premiers temps de l'islam : sur les quatre premiers califes de l'islam, trois d'entre eux furent assassinés, dont deux le furent par des lames musulmanes. Le calife successeur ne désavouait jamais le meurtre de son prédécesseur, affirmant qu'il s'était agi d'une exécution, et que la victime n'était qu'un tyran qui méritait son sort ; c'est ce que dit 'Alî de l'assassinat du calife 'Uthmân ; quelques années plus tard, il fut assassiné par des extrémistes religieux qui retournèrent son argument contre lui. Les Assassins ne devaient pas aller loin pour justifier leurs actes : l'histoire de l'islam apportait un fondement religieux immédiat aux assassinats. La violence fut de tout temps le seul recours pour éliminer un chef jugé illégitime, et ce à cause du caractère fondamentalement antidémocratique d'un islam dénaturé par ses fidèles. Mais chez les Assassins, le meurtre s'accompagnait d'une dimension sacrée et ritualisée : l'Assassin devait utiliser exclusivement un poignard à lame d'or et ne devait pas survivre à son acte.

Septième explication : le terrorisme est la continuation inversée de la mystique par d'autres moyens ; quant au totalitarisme moderne, il est, lui, une continuation de la théologie en effet de miroir.

Un écrit ismaélien sur la philosophie de ce type d'action nous fait songer à la guerre révolutionnaire prônée par Mao Tsé-toung : « Frères, lorsque l'heure du triomphe arrivera, avec pour compagne la bonne fortune dans ce monde comme dans l'autre, alors un seul guerrier à pied pourra frapper de terreur un roi, posséderait-il plus de cent mille hommes à cheval. » De la même manière, Mao expliquait que, pour inverser un rapport de force de cent contre dix, il suffisait de se mettre à dix contre un, à cent reprises : « Mieux vaut couper un doigt qu'en blesser dix. » La méthode nizârite montra rapidement son efficacité, à l'inverse des opérations militaires malheureuses initiées par les chiites traditionnels. Un groupe de fidèles dévoués et fanatisés suffit à faire trembler l'ordre islamique institutionnel. Ainsi, la stratégie de Hassan Sabbâh put se poursuivre, avec la prise et la construction d'autres châteaux, dans la région d'Alamût et en Syrie. Un véritable État nizârite vit le jour, constitué d'îlots répartis sur de vastes régions. Son nom : *Al-Djazaïr*, les îlots, nom arabe de l'actuelle Algérie.

Le terrorisme devint la politique de cet État, et des sultans, émirs, vizirs, gouverneurs et théologiens tombaient régulièrement sous les lames assassines. Ces actions furent le plus souvent défensives, mais quelquefois aussi punitives. La première victime des Assassins fut Abou Al-Kharrouba, un muezzin sunnite seldjoukide de la petite ville de Sâva, pour ses prêches hostiles à l'ismaélisme. Les *fidâ'îne* de Hassan Sabbâh furent surnommés les *hashâshîne* — fumeurs de Hashîsh — terme que les croisés ramenèrent en Europe sous la forme « Assassins ». Il s'agissait davantage d'un terme méprisant usité par leurs ennemis que d'une réalité. Les *fidâ'îne* étaient en fait des religieux rigoristes, ne consommant nulles substances illicites, et dont l'action meurtrière s'accompagnait d'une pratique mystique ardente. Le fondateur de l'ordre, Hassan Sabbâh, était un ascète puritain, qui ne quitta jamais la forteresse d'Alamût pendant que ses *fidâ'îne* faisaient régner la terreur dans les territoires de l'islam, et quelquefois en Europe. Il écrivit beaucoup, des textes philosophiques et théologiques d'une rare qualité doctrinaire. Il fit exécuter deux de ses fils : l'un pour ivrognerie, l'autre pour meurtre.

Ultime explication : personne, dans un tel système, n'est épargné.

Deuxième Intelligence

En nous brossant l'histoire de l'islam, depuis la mort du prophète à la fondation de l'ordre des Assassins, le père Jean-François ne nous apprit rien que nous ne sachions déjà. Tout au plus, la pensée m'effleura que les services français, par le passé, avaient probablement bénéficié de sa science. Seulement lorsqu'il nous parla d'Elyas, une à une, les pellicules séparant l'apparent du caché s'effeuillèrent. L'arrestation du professeur de sculpture allait soudain prendre tout son sens et nous faire basculer dans une dimension parallèle.

L'épisode Ludmila prenait sa source dans la prime enfance du professeur. Nous n'ignorons pas qu'au cœur d'une nuit de 1956, en pleine bataille d'Alger, la famille de l'enfant avait été anéantie par une horde d'égorgeurs anonymes, et qu'Elyas avait dû son salut au fait qu'il se trouvait alors chez sa tante. Comme les témoins du drame, nous continuions à penser qu'il s'agissait d'une expédition punitive du FLN. Il n'en était rien. Le carnage fut l'œuvre de sept *fidâ'îne* de la secte des Assassins : un meurtre gratuit perpétré sur des innocents, mais qui apparaissait contraire aux mœurs purement défensives des Assassins, telles qu'évoquées un peu plus tôt.

Le père Jean-François balaya d'un revers de la main la remarque et reprit, sans plus de commentaire, l'histoire de la secte.

En 1125, le fondateur de l'ordre Hassan Sabbâh décéda. Un autre Iranien, Buzurg Umîd, gouverneur du château de Lamasar, lui succéda et dirigea l'ordre jusqu'en 1138. Le fils de ce dernier, Mohammad, régna ensuite à Alamût jusqu'en 1162, laissant la place à son propre fils, lui ausi prénommé Hassan *'alâ dhikrihi es-salâm* (que le salut soit sur sa mémoire). Dès son adolescence, ce dernier s'était illustré par ses propos hostiles à la rigueur ascétique qui régnait à Alamût. Né après la mort du fondateur, il n'en avait pas connu le règne de terreur. Deux ans après son accession à la tête de la secte, il proclama en 1164 le millenium, la résurrection sur terre pour une durée de mille ans, jusqu'au jugement dernier.

Le sens de cette proclamation constitue, par soi, une explication des explications. Le millenium signifie l'avènement imminent du *Qâ'im*, du messie, et de la résurrection prochaine dans l'autre monde. Il entraîne l'abrogation de toute pratique et la libération du joug de la loi. Le millenium est une constante dans nombre de religions et de sectes ; lorsque l'union avec Dieu est considérée comme atteinte, les rituels deviennent inutiles puisque la connaissance de Dieu devient une réalité de chaque instant. Tout acte de dévotion est abrogé, tout interdit est caduc. Et surtout, ce qui était illicite devient licite, ce qui était licite devient illicite.

La proclamation du millenium se fit le 8 août 1164, soit le 17 ramadan 599, lors d'une cérémonie où l'assistance avait été placée en direction de l'est, le dos à La Mecque. Face à l'assemblée, une tribune avait été dressée dans la cour d'Alamût, et quatre étendards étoilés de couleur différente (blanc, rouge, jaune et vert) avaient été installés aux quatre coins de l'espace. Le récit qu'en fit un chroniqueur ismaélien demeure insurpassable : « Alors, vers midi, le seigneur (Hassan), salut à sa mémoire, revêtu d'un habit blanc et d'un turban blanc, descendit du château, s'approcha de la tribune par le côté droit, et y monta avec la plus parfaite dignité. Par trois fois, il adressa ses salutations, tout d'abord aux gens du Daïlam, puis à ceux qui se trouvaient à sa droite, enfin ceux placés à sa gauche. Peu après il s'assit, puis se releva et, tenant son épée, parla d'une voix forte : l'imam du Temps vous adresse sa bénédiction et son absolution et vous a appelés ses serviteurs personnels. Il vous a libérés du poids de la loi sacrée et vous a conduit à la Résurrection. »

En plein mois de jeûne sacré, la cérémonie fut clôturée par un banquet où l'on but du vin, dansant et se réjouissant aux sons de la harpe et de la flûte, instruments qui étaient bannis du temps du règne rigoriste de Hassan Sabbâh. Des messagers furent dépêchés ensuite vers les différents îlots ismaéliens qui se conformèrent à la proclamation et instaurèrent à leur tour l'abrogation de la loi musulmane. Jusqu'en 1166 — date à laquelle il fut poignardé par l'un de ses beaux-frères — Hassan infligea de rudes châtiments à ceux qui persistaient dans le respect des rites islamiques, de la même manière que Hassan Sabbâh, en son temps, sévissait contre ceux qui faisaient montre de relâchement vis-à-vis de ces mêmes rites. Mais Mohammed II, fils de Hassan, prit la tête de l'ordre et, dès son intronisation, abrogea le millenium, rétablissant la loi islamique et même le sunnisme, allant jusqu'à prêter allégeance au califat abbâsside. Il introduisit à Alamût des docteurs de la loi qui entreprirent de réapprendre aux *fidâ'îne* les pratiques et rites orthodoxes. On voulut voir dans ce revirement l'influence de sa mère, une sunnite convaincue. Toutefois, lorsque son fils 'Alâ'addîn lui succéda, il revint naturellement à l'ismaélisme, justifiant l'attitude de son père par la nécessité de la *taqiyya*, du retour à un cycle de clandestinité en vue de protéger l'intégrité de l'Ordre. En 1255, fut intronisé Ruknaddîn Kurshâh, l'ultime descendant de la lignée et qui serait le dernier maître d'Alamût. Depuis 1219, les invasions mongoles en terres musulmanes allaient s'intensifiant. En 1256, le chef mongol Hulâgû prit Alamût. En 1258, ce fut la prise de Baghdad. En Syrie, les derniers châteaux forts nizârites tombèrent aux mains du sultan mamelouk Baybars en 1273. L'histoire retient cette date pour la fin de l'ordre des Assassins.

Si tel était le cas, les faits rapportés dans ce récit n'auraient jamais eu lieu, et Elyas n'y aurait jamais été confronté. Non, la secte avait encore de longues années devant elle.

Hassan, *âla dhikrihi s-salâm*, *dâ'i* de l'imam du temps, vicaire du Messie, s'étant finalement autoproclamé le Messie, une partie de ses fidèles refusa l'abrogation du millenium par son fils. Mohammed II les menaça d'exécution s'ils persistaient dans leur attitude. Vers la fin de l'an 1166, ils quittèrent Alamût, dans la perspective de fonder un nouvel ordre dans lequel ils pourraient vivre en toute liberté le millenium annoncé par Hassan. Ce fut le début d'un exode qui passa par le Daïlam, le Qûhistân, le Hijâz, la Syrie, la Palestine, l'Égypte, et par-delà le grand désert libyque. Sur le chemin, ils rallièrent à eux les ismaéliens séduits par cette vie dénuée de tabous, dans laquelle tout était permis et où les péchés étaient absous par avance — vin, danse, musique, vol, adultère, meurtre. En tête du cortège flottaient les quatre étendards étoilés fabriqués sous les ordres de Hassan lors de la cérémonie de la proclamation. La destination ? L'Afrique du Nord, berceau du fâtimisme où la mission ismaélienne avait connu son apogée et rayonné jusqu'à déstabiliser le califat sunnite, le Maghreb berbère et arabisé, le *Dar el islam*, la Maison de l'islam, point de départ de la conquête de l'Andalousie. La destination des millénaristes était donc justifiée à plus d'un titre. Ils poursuivirent leur chemin jusqu'à l'est de l'actuelle Algérie, et s'installèrent sur un site dénommé aujourd'hui Bouteldja, à une cinquantaine de kilomètres d'Annaba — où, le 29 juin 1992, serait assassiné le président Boudiaf.

Dans le jardin, les cigales ne cessaient de chanter. Ce fut à ce moment que tombèrent toutes mes prévenances à l'égard du père Jean-François, mes questions sur ses liens avec Rome, Paris ou encore l'islam. Certainement il n'avait pas choisi ce rôle de divulgation mais s'en acquittait humblement.

Là, les fidèles d'Hassan fondèrent une *zaouïa*, une confrérie secrète, caractérisée par la *taqiyya*, la clandestinité, et des mœurs particulièrement dépravées où le vice était pratiqué au nom de Dieu. Lorsque les millénaristes s'installèrent sur le site de Bouteldja, le Maghreb central et oriental, l'Ifriqiya, était aux mains des Almohades, avec à leur tête le *mouwahhid*, le doctrinaire de l'unité de Dieu, IbnToumert et son disciple Abdelmoumen, chef des armées. En 1170, son successeur Abou Yacoub Youssef régnait sur le pays. Pour les Assassins réformés d'Alamût, cela n'avait aucune importance. Ils vivaient dans une occultation parfaite, ne prenant jamais part aux jeux politiques de la région. De nombreuses dynasties se succédèrent sans que l'activité de la secte fût concernée. Mais à terme, les Assassins voulaient réinstaurer leur califat sur le Maghreb. Ils avaient depuis longtemps fixé l'année de leur retour, 1978. Le père Jean-François ignorait pourquoi et moi-même je ne devais comprendre que plus tard les raisons de cette échéance calculée en fonction du calendrier chrétien — le musulman n'étant plus usité par commandement du millenium.

À Bouteldja, une famille présidait au destin de la secte : les Ben Djedid. Ce nom, ils se l'étaient attribué dès leur arrivée, par une contraction de *Abnâ' ad-dâwa al djadida* (les enfants de la Nouvelle Prédication, soit le Nizârisme). Le 14 avril

1929, un enfant naquit au sein de cette famille. Son prénom : Chadli. La lecture de son thème astral — tradition purement ismaélienne — révéla qu'il lui reviendrait la tâche d'instaurer le califat ultime. En 1956, deux ans après le déclenchement de la guerre d'indépendance, le jeune Chadli déserta l'armée française où il était sous-officier, pour rallier l'Armée de Libération Nationale. Il fut chef de région, adjoint au chef de zone en 1957, puis promu capitaine-chef de zone au début de l'année 1958. En 1961, il fut nommé membre du commandement opérationnel de l'État-major et commanda le 13e bataillon, responsabilité qu'il assuma jusqu'à l'indépendance de l'Algérie en 1962. Membre de l'état-major général installé à Ghardimaou sous l'autorité du colonel Boumédiène, il se rangea derrière son chef contre le Gouvernement provisoire de la République algérienne durant la crise de l'été 1962. Son ascension se poursuivit après cette date. En 1964, il fut désigné à la tête de la deuxième région militaire (Oranie) qu'il dirigea pendant quinze années. Toujours fidèle à Boumédiène, il prit part au coup d'État du 19 juin 1965 et devint membre du Conseil de la révolution. À Oran, il rencontra un certain Mohammed Abbas Mediene, plus connu sous le nom de guerre de Tewfik, aujourd'hui général-major en charge de la Sécurité militaire algérienne et du Cabinet noir que j'évoquais au début de ce récit.

En cette année 1965 donc, ayant repéré ce Kabyle originaire d'Alger, ancien du MALG (ministère de l'Armement et des Liaisons générales, pendant la guerre d'indépendance), ayant noté son sens religieux et son intérêt pour le mysticisme hérités de son ascendance maraboutique, Chadli entreprit et parvint à le convertir au millénarisme des Assassins. Les Bendjedid de Bouteldja sacrèrent Tewfik *dâ'i* du *Qâ'im*, vicaire du messie Chadli, l'imam du Temps, Hassan réincarné.

Sa biographie ultérieure éclaire les deux dernières décennies de la vie politique algérienne. Lorsque Kasdi Merbah (ancien du MALG également, proche du président Houari Boumédiène et chef incontesté de la Sécurité militaire de 1962 à 1979) devint, le 5 février 1979, secrétaire général du ministère de la Défense nationale, Tewfik était alors à la tête de la SDSA, la Sous-Direction de la sécurité de l'armée. En 1986, après quelques années où il fut attaché militaire à l'ambassade d'Algérie à Tripoli, il prit la tête de la Direction centrale de la sécurité de l'armée, issue de la restructuration de la Direction centrale de la sécurité militaire. Depuis ce poste, il mena la répression — tortures, exécutions sommaires — durant les émeutes populaires de 1988, en faisant porter le chapeau au général Lakhal Ayat, alors à la tête de la Direction générale de la prévention et de la sécurité. Ce dernier dut démissionner et céder sa place au général Betchine, contre lequel, pendant deux ans, l'ambitieux Tewfik allait mener une lutte sans merci. Hormis Chadli, il serait soutenu par deux autres membres du Cabinet noir, eux aussi millénaristes du clan Bendjedid : le général Smaïn Lamari, numéro deux de la DGPS (devenue DGDS), ainsi que le général Larbi Belkheir, éminence grise du système et le commanditaire de l'assassinat du président Boudiaf en 1992.

Chadli Bendjedid finit par limoger Betchine pour offrir le poste à son dauphin et *dâ'i*. Tewfik devint alors le cerveau de la nouvelle Sécurité militaire baptisée DRS — Direction du renseignement et de la sécurité. Il se rapprocha politiquement du chef de l'état-major de l'armée, Mohammed Lamari, et tous deux se réunirent autour d'un même objectif : écarter définitivement le général Betchine devenu entre-temps le puissant ministre-conseiller du président Zeroual, fort d'un empire financier souterrain et d'un service secret parallèle, afin d'affaiblir ce dernier et le contraindre à la démission. Ils y parvinrent. En septembre 1998, le président Zeroual annonça une élection présidentielle anticipée. En octobre, le général Betchine démissionna suite à une série de scandales politico-médiatiques relayés par une presse soudain prompte à donner l'assaut sur le clan présidentiel.

Sous couvert de liberté d'expression et de moralisation de la vie publique, les Assassins se rapprochaient de l'échéance ésotérique.

Troisième Intelligence

Le père Jean-François nous avoua qu'il avait toujours pressenti que l'histoire se répéterait, que l'emblème des Assassins referait son apparition. Il y avait fallu quinze ans. En 1981, Elyas était venu au Centre d'Études diocésain pour la première fois. Le religieux l'observait, jour après jour, consulter essentiellement des livres sur l'art arabo-islamique, examinant un à un tous les motifs décoratifs, poursuivant partout les symboles graphiques avec visiblement une idée précise de ce qu'il recherchait. Il lui proposa alors son aide. Elyas lui dessina le symbole. Le père Jean-François, spécialiste des schismes islamiques, lui en livra toutes les clés jusqu'aux événement les plus récents, dont l'instauration du califat ultime qui eut lieu le 27 décembre 1978, à la faveur du décès du président Boumédiène. Avec la complicité d'un mystérieux Mohammed Khodja qui, dans la lignée des Assassins, avait obtenu la confiance du président de la République depuis de nombreuses années, Chadli Bendjedid — également fidèle de Boumédiène — avait organisé l'assassinat de ce dernier par empoisonnement. Le temps que dura l'agonie, Chadli était déjà aux commandes, assurant la coordination du ministère de la Défense avec le colonel Belhouchet — un homonyme du directeur d'*El Watan*. Le décès de Houari Boumédiène, de son vrai nom Mohammed Boukharrouba, est toujours demeuré mystérieux. Pure coïncidence sans doute, mais on l'a vu, la première victime des Assassins d'Alamût fut un muezzin sunnite dénommé Abou Al Kharrouba, forme classique du patronyme du Président.

Après la mort de Boumédiène, deux clans s'affrontèrent pour la prise du pouvoir, et il s'agissait dès lors de coopter un Président qui satisfît toutes les parties. Il y avait d'une part le clan de Bouteflika, le ministre des Affaires étrangères en titre — favori du Cabinet noir pour la présidentielle de 1999 — qui prônait une réforme économique libérale ; et, d'autre part, le clan de Yahiaoui, partisan d'un renforcement de l'option socialiste révolutionnaire. L'armée arbitra et opta pour l'officier le plus ancien dans le grade le plus élevé. Ainsi Chadli Bendjedid l'emporta-t-il, le 7 février 1979. Quelque valeur qu'on veuille lui accorder, la « feuille de route » astrale des ismaéliens n'avait pas été démentie par les faits.

Depuis le déclenchement de la lutte armée contre l'occupant français, de nombreux millénaristes de la région de Bouteldja s'étaient déployés dans les maquis et les centres urbains. Mais pour beaucoup, ils avaient déjà intégré l'armée française et allaient déserter entre 1956 et 1958. Ils savaient que leur participation à la guerre de libération serait garante de leur introduction dans les sphères du pouvoir une fois l'indépendance acquise. Nombre d'entre eux s'installèrent notamment dans la Casbah d'Alger, en des lieux clandestins que les riverains surnommaient *mah'shâshâte*, fumeries de haschisch, tout comme les nizârites avaient été surnommés *hashâshîne*, fumeurs de haschisch, par les citadins de Syrie. Là, ils s'adonnèrent à une vie partagée entre le terrorisme urbain, la rapine et les viols. Des meurtres gratuits, de pur plaisir, accompagnaient des actions liées à la bataille d'Alger. Parmi ces meurtres d'innocents ordonnés en vertu du millenium, il y eut, une nuit de 1956, celui de la famille d'Elyas.

Seulement vingt-cinq ans plus tard, donc, le professeur d'Abdelsam apprendrait la vérité sur l'anéantissement des siens. Le père Jean-François lui rapporterait la dimension occulte de ces faits. Quinze autres années, et il nous en ferait une nouvelle fois le récit. Le père lui fit également découvrir la poésie d'Omar Khayyam qui avait connu Hassan Sabbâh avant que celui-ci ne fondât l'ordre des Assassins, et qui avait refusé de le rejoindre, préférant chanter le culte de la vie à celui de la mort. Il lui apprendrait également qu'Ibn Sînâ, Avicenne, dont le père et le frère étaient ismaéliens, s'était de la même manière refusé d'embrasser une doctrine qu'il estimait porteuse de tous les dangers, bien qu'il eût inclus dans sa métaphysique de nombreuses notions empruntées à leur gnose (parmi elles, celle des Intelligences : Essence, Existence, etc.).

Ainsi Elyas était-il obsédé par la présence clandestine de la secte en Algérie, guettant ses moindres manifestations, mais ne parvenant jamais à les déceler. Ce fut pourquoi, à l'école des Beaux-Arts, sous prétexte de la réintroduction des modèles vivants dans l'enseignement, il monta le *happening* sur Ibn Sînâ dans un esprit provocateur confusément destiné à susciter une réaction de l'Ordre, souhaitant que celui-ci tombât le masque. L'étendard étoilé, le couteau en or, le rôle grotesque attribué à l'inquisiteur Lounis Khodja, tout cela aurait pu être un coup de pied vers la lune, mais il se trouvait que ce dernier était le fils de Mohammed Khodja, l'un des membres de la secte impliquée dans l'assassinat du président Boumédiène. Ce lien imprévisible allait être décisif. Après avoir campé à son corps défendant le rôle de l'inquisiteur, Lounis rapporta à l'Ordre l'acte blasphématoire mis en scène par le professeur de sculpture. Les millénaristes, rendus inquiets par la science ismaélienne du professeur, prononcèrent une *fatwa* contre lui.

Les termes de cette *fatwa* expliquent à leur tour l'épisode Ludmila. Elyas fut condamné à l'enfer sur terre et dans les cieux. Sur terre d'abord : une enquête fut ordonnée sur le professeur de sculpture. Les services de renseignement — à la tête desquels venait d'accéder le général Tewfik — déterrèrent le dossier qui avait été établi lors de son séjour à Leningrad. C'était l'âge d'or de la police politique, et sur tous les campus internationaux où étudiaient des Algériens, il y avait au moins un informateur qui établissait rigoureusement des fiches sur les activités de chacun. Celle d'Elyas attestait qu'il n'avait mené aucune « activité subversive » à l'encontre de l'Algérie, mais elle indiquait également les détails de sa relation avec une étudiante ukrainienne dont une photo était jointe au dossier. L'histoire du jeune et étrange couple, la fin dramatique de Ludmila suivie du penchant pour la boisson d'Elyas y étaient relatées. L'un des deux étudiants algériens avec lesquels Elyas s'était soûlé la nuit du suicide de Ludmila était cet informateur.

D'où le procédé diabolique qu'allaient utiliser les Assassins afin de détruire psychologiquement le professeur. Un sosie de Ludmila — dont je découvrirai plus tard l'incroyable identité — fut envoyée à l'école après la publication de l'annonce par Abdeslam. Le poste de contrôle de l'école ne laissa qu'elle postuler à l'emploi, des instructions ayant été données pour refouler les autres candidates. Sa mission était simple. Il s'agissait de troubler le professeur en affectant des attitudes proches de celles de sa défunte fiancée : indiquer le faux nom de Ludmila, simuler un tempérament solitaire et peu communicatif, séduire Elyas jusqu'à créer les conditions favorables pour une intervention de la police à la faveur de ce qui serait présenté comme un détournement de mineure. Lounis Khodja fut chargé de faire boire le professeur, attendre que Ludmila le poussât au faux pas, puis donner le signal en avertissant le directeur de l'école. La vie d'Elyas fut brisée, et, trois années plus tard, il fut exécuté à la faveur des émeutes de la prison de Serkadji où il était détenu. C'était l'enfer dans les cieux, second volet de la *fatwa*.

Ces derniers détails ne nous furent pas fournis par le père Jean-François. Il les ignorait et entama une digression sur l'angélologie dont Abdelsam et moi-même ne pouvions percevoir l'intérêt, dans l'instant. Quant à la vérité sur l'identité de Ludmilla, je devais la découvrir à mon arrivée à Paris. Tout comme durant ma disparition, dans la nuit du 5 au 6 novembre 1997, je devais prendre la mesure du sinistre règne de Chadli Bendjedid.

L'élection de celui-ci s'était naturellement accompagnée de sa désignation au poste de secrétaire général du FLN. En convoquant le congrès, Chadli donna au parti l'opportunité de refaire surface, après quinze années de mise à l'écart par Boumédiène. Tout le monde y gagna. Chadli fut légitimé politiquement et le parti passa au-devant de la scène. Il fut également procédé à l'élection de la dizaine de membres du bureau politique. Parmi eux, le colonel Yahiaoui, dauphin du défunt Président, à qui avait été confisquée la succession. Le parti présenta Chadli Bendjedid comme candidat unique à la présidentielle, et grâce à l'opacité des centres de dépouillement, il l'emporta. Au début, sa marge de manœuvre fut quelque peu réduite par le bureau politique emmené par Yahiaoui, mais à la faveur d'un congrès extraordinaire, un groupe d'officiers ayant demandé une révision des statuts et leur motion ayant été adoptée, les membres du bureau politique furent dès lors nommés directement par le secrétaire général du parti, qui n'était autre que le Président lui-même.

Chadli se retrouva ainsi avec les pleins pouvoirs dignes du *Qâ'im* qu'il était. Il avait maintenant à sa disposition un puissant appareil politique qui permettait à la secte de régenter clandestinement tous les secteurs d'activité du pays. Le succès du califat ultime était assuré.

Ce fut le début de ce que les Algériens appellent encore la « décennie noire » : prédations en tout genre, détournements massifs de la rente pétrolière, constitution d'une bourgeoisie de prélèvement, corruption « démocratisée » à l'aide de laquelle Chadli se maintenait d'autant mieux au pouvoir, mœurs dissolues dans le périmètre du Prince. Le pays fut consciencieusement ruiné, selon le commandement du millenium : le bien est illicite, le mal est licite. Dans toutes les sphères de la société, à nombre de postes clés, on retrouvait des ismaéliens de Bouteldja, entourés de nouveaux convertis. Le secteur économique, la diplomatie, l'exécutif, l'armée, l'administration, le tourisme : partout étaient apposés les noms de Bendjedid et de Bourokba — patronyme de son épouse Halima, fille de notables de la région oranaise, qui lui avait été présentée par Tewfik dans les années soixante.

Dès son accession au pouvoir, le Président projeta la construction du *Maqâm Ech-Chahid*, monument aux Martyrs de la guerre de libération nationale qu'Abdeslam allait tourner en dérision dans *L'Éros et l'infini*, la revue du Comité des étudiants des Beaux-Arts. Ceci pour le *zâhir*, l'apparent, mais selon l'autre versant, le *bâtin*, l'occulte, l'objectif était d'apposer sur Alger l'emblème étoilé de la secte, qui ne devait être visible que pour les initiés. C'était là encore un commandement qui remontait à Hassan : « Le sceau étoilé sera apposé sur tout nouvel îlot conquis. » En ce sens, le monument devait, vu du ciel, offrir l'apparence de l'étoile à six branches. En cours de réalisation, le projet se révéla techniquement irréalisable, et l'édifice final figura à la fin un simple *alif* (A) stylisé, afin de marquer l'initiale d'Alamût ainsi que d'autres significations ésotériques que j'expliquerai plus loin. Face à cet échec, il fut procédé à une seconde tentative d'apposer le sceau étoilé mais cette fois sur les emblèmes nationaux, sous une forme fragmentée et subliminale. Ce sceau déconstruit, qu'Abdeslam devait découvrir.

Une question demeurait : que représentait la secte en cette année 1996 ? Chadli Bendjedid, on le sait, fut contraint par l'armée de démissionner au lendemain du premier tour des élections législatives pluralistes du 26 décembre 1991, largement remportées par le Front Islamique du Salut. Ce parti avait bénéficié des faveurs du régime en étant le premier à recevoir son agrément, alors que ses statuts étaient anticonstitutionnels car incluant une définition religieuse. Les émeutes d'octobre 1988 — instrumentalisées par le Cabinet noir afin de brûler sur la place publique un FLN devenu trop impopulaire — avaient eu pour inévitable corollaire l'instauration par Chadli d'un régime démocratique sous la pression nationale et internationale. D'où une foison de partis et d'organes de presse et l'amorce d'un contre-pouvoir de moins en moins contrôlable, dont l'audience et les ramifications à l'étranger avaient mis à nu le vrai visage du pouvoir algérien. Chadli Bendjedid avait alors passé un pacte avec le plus populaire d'entre eux, le FIS. Si ce dernier venait à arriver au pouvoir par la voie des urnes, le clan Nizârite ne serait pas touché par l'épuration, et seul le FLN en ferait les frais. L'alliance qu'avait conclue dix ans auparavant Chadli avec le FLN, il la réitérait cette fois avec le FIS. Tout était bon pour sauver le califat ultime. Mais une partie de l'armée, non millénariste, était consciente du danger islamiste qui lui ferait perdre ses privilèges et son intégrité physique : il fut décidé de suspendre les élections et de contraindre Chadli à démissionner.

Le pacte avait néanmoins été scellé. Lorsque les islamistes sunnites issus du FIS prirent les armes, une partie d'entre eux fusionna sur le terrain militaire avec les millénaristes dont le *Qâ'im* déchu était poussé à l'occultation. Les réseaux étendus de ces derniers, leur contrôle des données stratégiques du pays (armée, police, gendarmerie, etc.) et la permanence de nombre de leurs agents dans l'appareil d'État permettraient d'accumuler les attentats avec efficacité et facilité, en rendant vaine toute lutte antiterroriste. Les années à venir allaient connaître le règne du meurtre et du chaos. Des escadrons de la mort créés — nous le verrons — par le Cabinet noir fusionnèrent avec les hordes du GIA, les entraînant du terrorisme politique aux meurtres rituels, aux massacres de civils.

Lors de la création du FIDA (Front islamique du djihâd armé), les nizârites s'investirent personnellement dans des actions concrètes. Ce groupuscule terroriste existe encore aujourd'hui. Il est spécialisé dans les assassinats de personnalités, à la manière des Assassins d'Alamût. La dénomination *fidâ'îne* a été même reprise par ses membres qui opèrent au couteau toutes les fois que cela est possible, comme aux XIIe et XIIIe siècles.

La spécificité du FIDA ainsi que les arrangements entre certains terroristes et un clan de l'armée ne sont pas passés inaperçus, ainsi que le prouve certain document que j'ai pu me procurer — comment, cela est une autre histoire. Dans le compte rendu confidentiel du Centre d'analyse et de prévision du ministère français des Affaires étrangères, en date du 11 juillet 1996, on peut lire au chapitre « Géographie de la lutte armée et gestion de la violence par le pouvoir militaire » : « L'objectif d'unification des groupes armés islamistes sous la direction d'une faction dominante paraît toujours hors d'atteinte. Une dichotomie accrue existe d'une part entre des groupuscules des GIA entretenant une violence intense et aveugle dans l'Algérois et d'autre part des grands maquis professionnalisés de diverses obédiences (AIS, GIA, MIA, MEI) opérant dans les régions montagneuses de l'Est et de l'Ouest. Dans le même temps, la fragmentation des groupes armés s'accroît : le FIDA est réapparu avec une stratégie de "terrorisme spectaculaire" (*sic*) dans Alger, les groupes GIA de Djamel Zitouni (abattu depuis la rédaction du compte rendu) sont implantés près de Tizi Ouzou et de Blida et l'AIS dans l'Ouarsenis et aux environs de Jijel. Les attentats et accrochages dans l'Algérois sont les plus médiatisés, mais il est vrai que les zones des grands maquis tenus par l'AIS, le MEI et le MIA sont en général moins troublées. [...] Les groupuscules GIA de l'Algérois raisonnent eux en termes purement locaux "selon une logique de 'tableau de chasse' qui procure prestige interne et pouvoir aux petits émirs (*sic*)". Le régime militaire paraît, en effet, accepter leur survie dans cette région pour y contrer toute percée de l'AIS (seule organisation à avoir gardé un lien d'allégeance avec l'ex-FIS), puis les remplacer par des milices gouvernementales quand les populations des villes qu'ils tiennent réagissent contre leurs exactions en en appelant à l'État. L'armée a laissé le GIA et l'AIS se combattre autour de Jijel alors qu'elle tenait la ville par trois milices gouvernementales. D'une manière générale, elle s'en prend d'ailleurs plus à l'AIS qu'aux GIA de l'Algérois. Le régime souhaite bien cantonner l'AIS et les autres grands maquis dans des zones circonscrites, mais craint aussi leur enracinement local en cours à l'est et à l'ouest, d'où la création de milices privées dirigées par des notables et parrainée par le général Smaïn Lamari, chef de la Sécurité intérieure, pour les contrer dans les bourgs sur un mode clientéliste. En revanche, la violence sans règles des GIA de l'Algérois constitue un argument pour discréditer les islamistes dans une population urbaine et pré-urbaine qui leur était auparavant acquise. Les coalitions des différents groupes pour "le monopole du djihad" ont en tout cas toutes les chances de demeurer aléatoires. »

La France n'ignore donc pas la stratégie de Smaïn Lamari, numéro six du Cabinet noir après Chadli, Tewfik, Nezzar, Larbi Belkheir. On peut imaginer qu'il en va de même pour l'ensemble de la communauté internationale. Il apparaît clairement que les groupes ne disposant pas de la couverture du FIS et artisans d'un terrorisme aveugle et extrême dans son horreur sont encouragés à commettre leurs exactions, leurs massacres à grande échelle. À exercer le millenium.

Plus intéressante encore, et d'autant plus terrifiante, cette note de la DGSE, en date d'octobre 1997 et à destination de Matignon : « Engagée dans la confusion, la crise algérienne a été révélée en 1992 par l'interruption brutale du processus électoral [...] Si elle n'a pu trouver de solution à ce jour c'est qu'elle n'oppose pas réellement deux conceptions antagonistes ou inconciliables de l'organisation de la société qui chercheraient une victoire politique ou militaire sur l'autre partie. Le désordre civil algérien apparaît en fait beaucoup plus comme l'expression de rivalités pour l'appropriation et l'utilisation d'une rente hydrocarbure qui constitue 98 % des revenus du pays. Plus qu'une organisation de la société civile autour des valeurs musulmanes d'ailleurs partagées avec plus ou moins de conviction par la quasi-totalité de la population, y compris les cercles dirigeants politiques et militaires, la première revendication du FIS dès sa création portait sur une libéralisation de l'économie, [...] Cette revendication heurtait de plein fouet les intérêts de l'oligarchie politico-militaire issue de la guerre de libération [...] »

« À la fin septembre 1997, les données de la crise demeurent inchangées [...] La satisfaction des besoins de l'État-major ne peut se fonder sur la seule rente. Elle nécessite la création d'un système de production non-hydrocarbure libéral, largement ouvert sur l'extérieur, mobilisant les capacités de production du petit entreprenariat local majoritairement acquis au FIS, et naturellement le retour à la paix civile favorisant les investissements étrangers. C'est essentiellement entre ces deux pôles que se cristallise aujourd'hui un affrontement où la contestation islamiste, qu'elle soit doctrinale ou violente, apparaît plus comme un outil et un instrument que comme un acteur de la crise.

« Le chef d'État-major Mohammed Lamari et ses subordonnés sécuritaires, les généraux Mediene dit "Tewfik" et Ismaïl Lamari dit "Smaïn" se sont forgé une étiquette d'éradicateurs puisqu'il importait avant tout pour eux de rétablir la paix civile au plus vite et quelqu'en soit le prix humain et politique. Face à eux, la présidence de la République, et en particulier le général Betchine, devaient ménager une classe affairiste exploitant la rente qui constituait son principal relais dans l'édification du système institutionnel post-FLN centré sur la présidence. L'une de ses premières initiatives a été de mesurer à l'armée son poids dans la vie civile ainsi que les moyens de la répression en limitant le nombre des forces spéciales et en déléguant le maintien de l'ordre aux milices locales et gardes communaux financés sur fonds spéciaux de la présidence. Cette initiative a eu les conséquences que l'on sait en termes d'affrontements locaux incontrôlés, de vendettas et de règlements de comptes.

« La phase suivante a été la création ou l'exploitation de forces politiques d'inspiration islamique (MSP — Hamas, En-nahda) ou traditionalistes (Djilali Mehri) acquises aux intérêts de la présidence et destinées à entrer dans une concurrence mutuellement affaiblissante avec le FIS. Enfin, un dialogue "à bas bruit" avec l'AIS, noué en 1995 par l'intermédiaire de Osmane Aïssani, devait permettre à la présidence de se parer d'une étiquette "dialoguiste", d'occuper le terrain et d'empêcher tout règlement de fond avant que la présidence ait eu le temps d'affermir sa prépondérance institutionnelle et que sa clientèle ait eu la possibilité de prendre le contrôle absolu des secteurs économiques qu'il faudrait bien privatiser un jour.

« Conscient de la montée en puissance de la présidence, l'État-major a entrepris de brusquer les choses en reprenant la négociation à son compte pour la mener à son rythme. Fin 1996, jouant sur les solidarités Chaouies de l'est algérien, Smaïn Lamari a entrepris des négociations directes avec Madani Mezrag puis avec Benaïcha, les deux chefs de l'AIS, pour obtenir le ralliement de leurs troupes, leur intégration à un système de forces auxiliaires et leur collaboration dans la réduction des maquis du GIA qui n'aurait alors été qu'une question de semaines. L'imminence de la déclaration d'une trêve et d'un accord fin juillet, confirmée tant par l'État-major que par les instances dirigeantes du FIS, déclenche une crise sans précédent. Le Président prononce la mise à la retraite du chef de la Gendarmerie, l'inusable Abbas Ghezayel, et son remplacement par un fidèle du général Betchine, Tayeb Derradji. Spécialement de la sécurité dans la zone d'Alger, la Gendarmerie ne sortira plus de ses casernes quoi qu'il arrive à ses portes. Parallèlement les bandes du GIA, dont les actions étaient devenues sporadiques au cours du premier semestre 1997, multiplient les actions les plus horriblement spectaculaires dans la Mitidja et jusqu'aux portes de la capitale où la presse nationale et internationale ne peut que conclure à l'impossibilité d'envisager un arrangement quelconque avec les tenants d'une telle violence et tous ceux qui partagent de près ou de loin leurs idées.

« Toutes les données de la crise demeurent donc en place, toutes les manœuvres sont sans doute déjà à l'étude. Il existe plus que jamais un vaste champ d'action pour tous ceux, tant du côté des milieux d'affaires liés au pouvoir que des profiteurs du système de guerre et des extrémistes sans projets du sectarisme violent qui n'ont aucun intérêt à une normalisation de la situation.

« Il serait vain de désigner du doigt tel ou tel responsable des violences en Algérie. Les massacres d'août et septembre 1997 sont manifestement le fait de la jacquerie hallucinée des "grandes compagnies" du GIA. Mais ils n'ont pu se produire que parce que les luttes internes du pouvoir à Alger les autorisaient, voire les encourageaient ou les instrumentalisaient. Depuis 1992, toutes les parties au conflit ont usé de la violence politique pour parvenir à leur fin de façon directe ou détournée, à l'intérieur ou à l'extérieur du territoire algérien.

« De fait, l'organisation politique de la société algérienne est criminogène. Il n'y existe aucun espace institutionnel ou privé pour un débat politique, économique, ou de société pacifique entre intérêts antagonistes. C'est en cela que l'exercice de la plate-forme de Rome, les activités des mouvements associatifs, la liberté de la presse, l'évocation des problèmes sur les forums internationaux, le fonctionnement de partis politiques indépendants de la nomenklatura militaro-mercantile sont également étrangers et haïssables au système. Les institutions actuellement mises en place par le pouvoir, quels que soient les espoirs que l'on puisse fonder sur cet embryon de pluralisme, ne peuvent en aucun cas servir de catharsis politique puisqu'elles ont été créées sur mesure pour assurer la mainmise d'une seule faction sur la rente.

« L'épuisement réel de la contestation islamique, même s'il est consommé dans la barbarie, ne mettra pas fin pour autant à la violence en Algérie. »

Comme on le voit, l'existence et les manœuvres du Cabinet noir sont connues dans le détail, mais pas dans sa vérité. Sa dimension millénariste demeure occulte et sa stratégie réelle ignorée. Il manque à l'ONU, comment dire...

Une mystique.

Quatrième Intelligence

Les choses auraient pu en rester là. Nous ne pouvions rien faire du récit du père Jean-François et devions nous contenter de la conscience brute de cette invraisemblable épopée. Beaucoup de questions restaient sans réponse : quel était le sens de « l'Opération emblème national » ? Relevait-elle du pur hasard, ou alors le clan présidentiel avait-il eu connaissance de l'existence et du dessein des Assassins ? Leur avait-il déclaré une guerre qui allait au-delà des simples enjeux politiques ? Nous n'étions malheureusement pas dans le secret des dieux et devions vivre avec une conscience nouvelle et terrifiante du chaos algérien.

Abdeslam reprit sa routine à l'agence et pour moi, l'idée s'imposa plus que jamais de reprendre le journalisme. Les révélations du père Jean-François avaient réveillé de vieux sentiments, et je dois aujourd'hui reconnaître que mon investissement passionnel dans mes écrits devait beaucoup à un glissement « messianique », au sentiment profond que le bien devait répondre au mal. Mes vieux anges se réveillaient, en quelque sorte. À l'automne 1996, je passai plusieurs jours cloîtré dans mon studio, devant la télévision à zapper sur les différentes chaînes, nationale et satellites. Je prenais des notes sur ce qui me semblait cocasse, pertinent ou absurde. J'en tirai trois chroniques au titre générique de « Zappologies », clin d'œil prétentieux aux *Mythologies* de Barthes, dans lesquelles je tentai de traquer le signe où qu'il fût.

En cassant la télévision nationale de propagande, j'étais déjà dans le politique. Un seul des directeurs de publication sollicités accepta, après lecture, de m'accueillir ; ce fut Omar Belhouchet, l'âme du premier quotidien algérien *El Watan*. Je voulais aller à l'essentiel, apporter un soin particulier à peindre chaque jour les travers d'une société prise en otage par un système incapable de se renouveler derrière sa vitrine démocratique et télévisuelle.

Le 13 novembre 1996, je commentai en ces termes un journal télévisé riche en attentats à la voiture piégée : « À un jet de grenade du référendum, la médiatisation outrancière des attentats de Tixeraïne et de Sidi-El-Kébir pue la campagne électorale. Le médium chaud d'un système froid nous laisse forcément tièdes : jusqu'où faut-il médiatiser les carnages et pour quel impact ? Les extrémités se touchent. Les poseurs de bombes veulent être médiatisés. Les médias veulent les dénoncer. Donc ils les médiatisent. Tout le monde est content, sauf les morts, qui s'en foutent un peu. Gros plan sur le pied d'un ex-travailleur de l'ENEL déchiqueté par la déflagration. On dirait une pub Benetton. C'est du "tout-signifiant". Ça ne veut rien dire. Ça dit tout. Un pied n'a rien à faire seul sur la chaussée. Au bout d'un pied, il faut un individu. Vivant de préférence. Les caméras de l'ENTV aiment à se substituer à notre regard sur l'événement. Elles "voient" à notre place, analysent à notre place, synthétisent et tirent les conclusions. L'ENTV s'était montrée moins empressée à diffuser les images de l'attentat du marché de Boufarik. Autres temps, autres mœurs. Désormais, un pied isolé sur la chaussée, ça veut dire que le 28 novembre il faudra "bien" voter. La lisibilité et la surconstruction de la démarche relèvent d'un langage qui a déjà son histoire et auquel nous sommes habitués. Ce n'est d'ailleurs même pas un langage. Ce ne sont que des signes, des "signaux". Nous sommes une masse que l'on rameute, pas des individus auxquels l'on s'adresse. Il y a une double horreur : la mort et la caméra de l'ENTV. Il y a une double erreur : les deux ne devraient pas exister. Les tueurs ont profané la vie, les caméras ont profané la mort. Les images du 20 heures ne parviendront jamais à être une pure médiation du réel tant qu'elles seront diffusées sur une chaîne profondément antidémocratique. Nous vomirons en même temps le médium et le message. »

Même si la télévision nationale avait toujours été la bête noire des chroniqueurs, ma façon d'en parler détonnait. Le courrier qui me parvenait grouillait de clins d'œil heureux à mes figures de style. Celles-ci allaient pourtant se faire plus rares. J'allais devenir imprécateur, radical et économe. Tout comme Elyas à l'école des Beaux-Arts, mes « performances » commencèrent à interpeller les Assassins. Le 23 janvier 1997, en réaction à un massacre de civils, dans une chronique intitulée « La solution finale », je me signalai une première fois au Cabinet noir en faisant allusion au sceau étoilé : « [...] On aurait dû s'en douter... Face à la crise totale que nous traversons, certains stratèges nationaux (nous attendons toujours la liste des noms) ont effectué une lecture purement logique de la situation, et ont opté pour la plus pragmatique des solutions : la solution finale. En effet, lorsque des gens sont en butte à un problème, il n'y a que deux solutions : éliminer le problème, ou éliminer les gens. Le problème en question étant frappé du sceau de l'insolubilité, il ne restait plus qu'une solution : un génocide. [...] Il est de bon ton de faire courir des rumeurs impliquant le système dans cette marche inexorable vers une solution finale. L'idée donne la nausée.

Pourtant, elle a quelque chose de rassurant : elle revoit à la baisse la capacité de nuisance du GIA. On se dit que, sans la complicité du système, il ne serait rien. Après quoi, il convient de déterminer les intérêts du système et son degré de morale. Tout ceci est très fatigant. »

Fatigué, je l'étais. Les moindres signes du chaos me plongeaient dans un trouble paralysant, et le réel m'était hypnotique. J'invoquais le diable, l'appelais à se manifester dans la lumière. Au journal, on m'invitait à baisser le ton si je voulais durer. Les nombreux actionnaires du titre étaient atterrés. Ils savaient que je bénéficiais du soutien d'Omar Belhouchet, et ils craignaient que je ne mène le journal à la catastrophe. Mais je n'étais plus maître de mon verbe ; mon écriture était pour ainsi dire devenue automatique, et suivait sa propre logique, selon une progression dont je me sentais un témoin comme les autres.

Le 26 janvier, je désignai une première fois le général Tewfik, chef des renseignements en charge du Cabinet noir : « Notre Président a affirmé à la TV (réalisé sans trucage) qu'en ce mois de ramadhan "des citoyens innocents, toutes catégories confondues, sont victimes chaque jour d'un terrorisme aveugle jamais égalé en d'autres lieux". Que faut-il retenir de cette phrase historique ? Simplement que le président Zeroual et son Premier ministre Ouyahia n'ont pas la même conception de la viande froide. Que

Zeroual trouve incorrect de massacrer des innocents tandis qu'Ouyahia considère que les cadavres relèvent du résiduel et du ministère de la Santé. Partant de ce constat, et de celui qui affirme que ce sont ceux qui appellent à la paix qui répondent par la guerre, que nous a-t-on annoncé comme nouvelle stratégie sécuritaire ? Un nouveau patron de la police nationale ? Non. Un nouveau ministre de l'Intérieur ? Non. Un nouveau chef des renseignements ? Non plus. » Rien ne pouvait plus arrêter la spirale, malgré la pression de mes collègues qui m'invitaient sévèrement à éviter de désigner des personnes en fonction au sein de l'appareil militaire. « Cela ne se faisait pas. » Soit. Le 2 février, j'allais user d'une parabole pour évoquer les manœuvres du Cabinet noir autour du clan présidentiel, en faisant notamment une allusion aux assassinats de présidents de la République passés et à venir. C'était au lendemain des aveux télévisés douteux d'un terroriste islamiste accusé d'avoir abattu le responsable de l'Union générale des Travailleurs algériens — ce dernier s'apprêtait à monter un parti politique chargé de devenir le relais entre la présidence et les travailleurs : « Ali s'éveilla un peu plus tard devant une caméra et un prompteur dont il lisait machinalement le texte, pressé d'en finir avec ce cauchemar. Dans un état second, il s'entendit avouer l'assassinat du président de la République et livrer le nom de ses complices et commanditaires. Puis, une fois la séquence terminée, il réalisa que le Président était toujours vivant. C'est alors qu'il interrogea l'un de ses geôliers : “C'est pour la télévision ? — Oui... mais ce n'est pas du direct. Là, on enregistre pour mardi.” »

L'escalade continua durant deux mois. Elle fut stoppée net par la mort d'Abdeslam lors d'une fusillade dans le centre-ville. Un prétendu groupe du FIDA avait été accroché à proximité du front de mer, et l'unique balle perdue fut pour mon ami. La même semaine, dans une chapelle désaffectée d'un quartier populaire, le père Jean-François fut retrouvé atrocement mutilé, la tête décapitée et déposée à même l'autel.

Il n'y avait plus que moi et l'étoile se fondrait dans la nuit.

Je restai les six mois suivants à mon domicile, ne sortant que pour dîner chez ma mère, passant mes journées à lire, à suivre divers programmes télévisés, à écouter de la musique. Je me replongeai dans le corpus coranique, renouant avec la magie du verbe incréé, tentant d'y puiser du courage, du réconfort, des clés. Chaque verset m'envahissait irrésistiblement comme si, depuis mon âme, il allait irriguer mon corps en acidulant mon sang : « Au nom de Dieu, le Tout miséricorde, le Miséricordieux : Nous t'avons accordé l'affluence / ne prie que ton Seigneur, ne sacrifie qu'à Lui / Qui te veut du mal, le mutilé c'est lui ! » Et cet autre verset, qui inspira à mon père mon prénom (Yassir : aisé) : « Assurément le mésaise de plus d'aise s'accompagne ». Lorque le terme « prosternation » — *sujûd* — apparaissait au détour d'un verset, je posais le front à terre, selon la tradition. Je finis par accomplir mes cinq prières quotidiennes, et chacun de mes actes, dans l'isolement de mon studio, s'accompagnait d'une dimension rituelle, sunnite, orthodoxe. J'avais en même temps conscience que cette geste prenait des formes de régression vers l'adolescence, en ces temps béats du *Tabligh* où tout avait un sens. Mais en la circonstance, je me sentais plus proche de ce quatrain d'Omar Khayyam : « Pour parler clairement et sans paraboles / Nous sommes les pièces du jeu que joue le Ciel / On s'amuse avec nous sur l'échiquier de l'être / Et puis nous retournons, un par un, dans la boîte du Néant. »

Un par un.

Je retournai dans la boîte du Néant en août 1997. Un des rédacteurs en chef d'*El Watan* insista pour que je tienne une chronique politique en dernière page. J'avais carte blanche et pouvais pousser aussi loin que je voulais la satire. J'intitulai la rubrique « Comme il a dit lui », en référence à une réplique du chanteur Khaled à qui l'on demandait son avis sur un plateau de télévision. Pourquoi « Comme il a dit lui » ? Parce que mon accroche quotidienne était la petite phrase du jour. Comme a dit Abbassi Madani, leader emprisonné du FIS : « je ne peux pas dire que l'agneau dévore le loup ». Comme a dit un responsable du Gouvernorat d'Alger : « À El-Raïs, pourquoi les habitants ont-ils attendu d'être égorgés un par un ? »

Un par un.

Et je partais dans des diatribes où les mots progressaient comme des commandos en ratissage, traquant le diabolisme du pouvoir et de son armée jusque dans leurs options militaires étrangement tardives : « Mais en attendant les résultats du match-retard "ANP-GIA" qui vient de débuter au stade piégé de Ouled-Allal, il serait peut-être bon de faire le bilan des "regrettables incidents" qui ont émaillé l'Algérie ces dernières années. [...] Grâce au GIA, de nombreux Algériens marginaux ont pu être réinsérés de justesse dans la société, et connaître ainsi les joies saines du téléphone portable et du pistolet automatique, de l'air iodé du Club des Pins et de la direction assistée Daewoo avec doubles renforts latéraux [...]. » Je faisais là allusion à cette nouvelle génération de requins mi-affairistes mi-flics, vaguement dans la politique, sérieusement dans l'import-export, armés, habitant les résidences d'État et roulant dans des berlines Daewoo, marque coréenne qui fournissait notamment les forces de sécurité, et dont le « partenaire » algérien était le général Tewfik en personne.

Je m'évertuai chaque jour à trouver une nouvelle faille où lancer mon grappin, et parvenais toujours à accomplir un saut de plus. Le 29 octobre, la prise lâcha. Dans la vague de contestation contre la fraude massive des dernières élections locales, je publiai un réquisitoire hargneux, menaçant, pauvre dans son style mais où explosait la dénonciation brutale de l'escroquerie institutionnelle : « [...] Que voulons-nous ? Une république islamique, un islam républicain, une démocratie opaque, une dictature transparente ? Rien n'est clair, tout est flou. L'Algérien a la désagréable impression de braconner sur une propriété privée de deux millions et demi de kilomètres carrés. La question est la suivante : "Sommes-nous chez nous en Algérie ?" Habitons-nous chez Zeroual, chez Betchine ou chez Tewfik ? Le premier est président de la République à temps partiel. Le second est le conseiller du premier. Le troisième est au courant de tout ce que font les deux premiers. [...] Arnaquez-nous avec talent, ou respectez-nous, même grossièrement. Dernier rappel avant poursuites. »

Si je savais qui était l'Antéchrist, je savais aussi qu'il ne tenait qu'à moi d'être le Messie. Que la bête se manifeste, je l'attendais.

Comme les créatures néfastes sont ponctuelles ! Le jour même, alors que le standard du journal explosait et que nous croulions sous les fax de soutiens, le général-major Tewfik téléphona à mon oncle, le Directeur de l'ANEP, le sommant de m'envoyer auprès du colonel Hadj-Zoubir, chargé de la presse auprès de la Direction du renseignement et de la sécurité. En début d'après-midi, je rejoignais la caserne Point-Sensible. Des militaires me contrôlèrent au niveau du parking, puis me firent franchir un sas par lequel on débouchait sur un long parc longé de bâtiments néo-mauresques, de palmiers et de gazon. L'un de ces bâtiment était le bureau du général Tewfik. Physiquement, nous étions au cœur du Cabinet noir.

Flanqué de l'adjudant Abdennour, le colonel Hadj-Zoubir m'accueillit avec le sourire. Les deux hommes semblaient être deux versions d'un même individu, à un quart de siècle d'intervalle. L'adjudant était glabre et juvénile, mais sec et noueux comme le colonel qui, lui, était moustachu et grisonnant. L'entretien fut courtois, trop, cantonné au *zâhir*, tournant à la périphérie du *bâtin*. Ma déception grandissait à mesure que le colonel me témoignait son goût pour mon travail, mon sens de la formule, mon utilité dans le jeu démocratique et autres sornettes. Mais voilà, disait-il, la présidence, et précisément le général Betchine, avait très mal pris ma chronique, s'apprêtait à m'ester en justice et était fermement décidé à me coller une peine de prison ferme. Le colonel ajouta que ce n'était pas le souhait du général Tewfik, que ce dernier avait fait beaucoup pour la liberté de la presse et tenait à en demeurer le garant occulte. Son seul pouvoir face à la présidence avait été, en échange de l'abandon des poursuites, de s'engager à me recruter. Tout ce qui m'était demandé, c'était de changer progressivement de ton et, en restant critique, de noter à l'occasion les points positifs marqué par l'État. Deux fois par semaine, nous nous rencontrerions pour échanger des informations. Je devais également rédiger un texte d'excuse destiné au seul général Tewfik.

C'était un gag. L'esprit ailleurs, je répondais oui à tout, pressé de quitter la caserne pour aller au journal en remettre une couche.

La chronique du lendemain était consacrée au trente-cinquième anniversaire de la « reconquête » de la télévision algérienne : « [...] Nous posons la question : qu'y a-t-il d'algérien à l'ENTV, à part le chef de parc, le cuisinier et le reste du personnel ? Il n'y a qu'un seul moyen pour les Algériens de se reconnaître dans cette télévision : éteindre le poste et utiliser l'écran comme miroir [...] Bref, joyeux anniversaire quand même. Il nous reste à souhaiter une véritable "reconquête" de la chaîne en chêne. Mais aurons-nous la patience d'attendre encore trente-cinq ans ? »

Le journal sous le bras, je me rendis de nouveau à la caserne Point-Sensible, cette fois de ma propre initiative. Je ne savais pas ce que je cherchais. Une force obscure me poussait vers une confrontation dont je ne pouvais qu'attendre le pire, mais qui allait de pair avec l'intuition d'un proche dénouement. Quel dénouement, je l'ignorais.

Le colonel Hadj-Zoubir affichait un air profondément agacé, me lançant d'emblée qu'il n'avait pas le temps : une marche nationale, réunissant tous les partis d'opposition, avait été programmée sans autorisation pour l'après-midi, et il avait été exceptionnellement affecté à la sécurité — je devais apprendre plus tard que ma chronique de la veille y circulerait sous forme de tract. Je lui demandai de m'arranger un entretien avec Tewfik, ce à quoi il répondit rageusement que tout ce à quoi j'aurais droit, c'était la prison : j'avais écrit une chronique aussi virulente que celle parue la veille, et je n'avais pas faxé comme prévu ma lettre d'excuse. La DRS ne répondait donc plus des agissements de la présidence.

Jeudi étant férié, je pris mes quartiers chez un cousin. Et depuis ce jour, je ne devais jamais plus remettre les pieds à mon domicile. Je sombrai dans un sommeil agité. Lorsque je m'éveillai, mes nerfs étaient tendus à l'extrême, et je sentais mon crâne pris dans un étau qui se resserrait à mesure que le jour déclinait. Jusqu'au mercredi suivant, un 5 novembre, je m'abandonnai à l'écriture automatique. Au journal, l'atmosphère était devenue irrespirable : tout le monde avait eu vent de ma convocation par la DRS. Je l'avais apprise à Omar Belhouchet dès le 29 octobre, et il m'en voulait depuis de m'être rendu à la caserne de manière informelle ; en tant que directeur de publication, il estimait que toute convocation devait d'abord transiter par le journal, ajouté au fait que nous partagions la même responsabilité pénale. Mais comment lui expliquer mon acte, mes motivations qui n'avaient rien de rationnel, rien de politique ?

Le mercredi 5 novembre, j'accompagnai Omar au Palais de justice où il comparaissait pour sa trentième affaire de presse. Le parquet s'était porté partie civile contre une de ses déclarations faite trois années auparavant sur Canal +. Belhouchet avait dit penser que les assassinats de certains journalistes étaient l'œuvre de clans du pouvoir.

Vers 14 heures, après de longues plaidoiries qui agacèrent au plus haut point la juge — elle avait sous la main le verdict tranché en haut-lieu —, la cour se retira pour délibérer. Dans les couloirs du tribunal dont l'accès était fermé, des journalistes et des curieux discutaient, fumaient, appelaient sur leur portable.

Trois hommes convergent lentement vers moi, me font signe de les suivre dans les sous-sols. Personne ne me voit leur emboîter le pas. Des sous-sols, nous traversons les allées de casiers des magistrats pour rejoindre la rue. Et embarquer dans une Daewoo.

Cinquième Intelligence

L'homme arbore les traits caractéristiques du biotype amorphe et apathique : atonie des récepteurs, courbes flasques du visage, affaissement de toutes les commissures. Bouche molle et sans forme. Ces signes sont ceux d'une insensibilité profonde. Pourtant, l'homme a l'air malade, blessé. Mais ce mal semble rayonner, un nimbe l'entoure, qui avale le rai de lumière crépusculaire en contrejour. L'homme égrène d'une voix monocorde nos rendez-vous occultes, son jeu de piste, la complicité de mon oncle et du chef de protocole de la présidence pour me lancer sur la piste du sceau étoilé, son souhait que j'accède par moi-même à la vérité, à *en-noûr.* Elyas, Abdeslam, le père Jean-François, leur rôle dans cette affaire, ma rencontre avec eux, leur mort, tout cela devait me pousser plus loin dans ma quête, afin que je traque le sens en renouant avec Dieu.

L'homme me dit aussi sa confiance en mon

intégrité. Mon nom est respecté, ma famille est sanctifiée, mon sang déclaré pur et fatîmide. Il entreprend ma généalogie, parcourt minutieusement l'histoire des miens. Il remonte jusqu'à la *reconquista* en Andalousie.

Le 6 janvier 1492, après un long siège, la ville de Grenade capitula devant l'assaut de cinquante mille soldats chrétiens, et son roi Abou-Abd-Allah remit les clefs de la ville aux rois catholiques Ferdinand V et Isabelle de Castille. Parmi les *ûlamâ'* — les docteurs de la foi — qui composaient la cour de Grenade se trouvait un certain Sid Ahmed Benyoussef Er-Rachidi El-Hassani. Mystique soufi et orthodoxe rigoriste, il devait porter la parole spiritualiste en Ifrikya et fonder l'ordre de Youssefia-Rachidia. Sid Ahmed Benyoussef descendait de Moulaï Idriss, le premier sultan de Fez. Au niveau doctrinaire, il s'inscrivait en héritier d'Abou-Mediene Choaïb El-Andaloussi, prêcheur des théories soufies qui furent perpétuées au Maghreb notamment par Abou-L'hassen Ech-Chadouli. Sid-Ahmed Benyoussef descendait également de Sidi-Mohammed Ben Abou L'Atha, fils d'Abou-Zyân, fils de Abd-El-Malek, fils de Aïssa, fils de Ahmed, fils de Mohammed, fils de Ali, fils de Abou-L'Kacem, fils de Ahmed, fils de Abd-El-Malek, fils de Aïssa Er-Radhi, fils de de Moussa El-Mourtadha, fils d'Abou Djaâffer Es-Saddek, fils de Abd Allah, fils de Ali, fils de Mohammed, fils de Zeïn-El-Abidine, fils de Abd Allah, fils de Hamza, fils d'Idris Lassgher, fils d'Idris Lakber, fils de Abd Allah-El-Kamel, fils de Hassène El Moutsana, fils de Hassène Essibthi, fils de Ali-Ben-Abou-Taleb, époux de Fâtima-Zohra, elle-même fille du prophète Mohammed, *âlayhi es-salât oua es-salâm.*

Sid-Ahmed Benyoussef mourut en 1524 et laissa plusieurs enfants. Le plus connu fut Si-Mohammed El-Merzoug, nommé après son grand-père maternel, l'imam Merzoug, et plus connu encore comme Sidi Merzouga. Il eut un fils, Sidi Moumène, qui étudia les sciences avant de se retirer à Tlemcen et d'y mourir. Le fils de celui-ci, Sidi Yahla, décéda peu après lui, laissant un adolescent fougueux et à l'intelligence supérieure, Sidi El Khelladi, héritier spirituel de Sid-Ahmed Benyoussef, qui allait reprendre et propager dans tout le Maghreb les doctrines de son ancêtre. Il fut l'ancêtre des Ouled-Miloud de l'oasis de Tiout, dans le sud-oranais, qui deviendraient les Benmiloud.

Mon grand-père fut le dernier chef de la confrérie Youcefite, et le dernier Benmiloud enterré dans le cimetière familial, en août 1991. Mon père fut de la dernière génération engendrée à Tiout, lui-même étant né en septembre 1930. La fille de mon frère naquit, elle, en Hollande. Mon enfant, si Dieu veut, naîtra aussi en Europe.

L'homme veut me dire par là que je descends du prophète par sa fille Fâtima. Qui mieux que moi, dès lors, pourrait faire recouvrir son honneur à la tradition fatimide, restaurer la théodicée d'El-Azhâr la médiévale, et porter un coup fatal à la déviance nizarite, celle des Ismaéliens millénaristes et sataniques de l'Alamût de Hassan *'âlâ dhikrihî es-salâm.*

L'homme est malade, un diabète grave, ses rétines se décollent de manière irréversible. L'homme se repent, maudit son choix d'avoir, dans les années soixante, à Oran, cédé aux sirènes ésotériques du millénarisme. L'homme sait qu'il va payer sa soif de l'or, son culte du veau d'or. Il paie déjà. Il tient à alléger son fardeau, attirer la miséricorde à défaut de faire son salut. Mais mon empressement à en découdre dans mes chroniques a précipité son projet. La présidence s'apprête à présent à me « stopper » et il ne peut plus rien pour moi, sinon m'aider à quitter le territoire avant mon jugement. Je ne partirais pas les mains vides. Ce « cadeau » offert en propitiation, il me le réservait pour la fin de l'année 1999, afin de rompre avec ce calendrier maudit promu par le millenium.

L'homme m'explique que pour les ismaéliens, l'histoire de l'humanité est caractérisée par une série de cycles. Chacun de ces cycles est inauguré par un imam parlant, ou prophète envoyé — Adam, Noé, Abraham, Moïse, Jésus, Mahomet, puis le Messie (*Qâ'im*) —, suivi d'imams silencieux. Ces imams silencieux sont également soumis à des cycles — imams cachés, imams apparents, correspondant aux périodes de victoire de la foi ou de clandestinité (*taqqiya*). Hassan est le *Qâ'im*, Chadli son imam silencieux, apparent puis caché. Ces cycles, ainsi que la désignation des imams, sont calculés de manière astrologique. Ce conditionnement astral imprime des cycles de 7 000 ans (pour chaque imam parlant ou prophète) au terme desquels les âmes, fragments ayant chuté, doivent gravir un nouvel échelon qui les rapprochera de la perfection de l'Âme universelle dont elles sont l'émanation sur terre.

Ainsi lorsque Hassan, *'âla dhikrihi es-salâm*, proclama le millenium, avait-il attendu que soit suffisamment proche la conjonction de Saturne et Jupiter (planètes bénéfiques dans l'astrologie ismaélienne, annonciatrices d'une période de succès de la foi). Mais cette proclamation posait problème, ce qui rendit d'autant plus facile son abrogation par son successeur. En effet, dans un millénaire (960 années solaires), il y a 8 périodes de 120 ans correspondant à une heptade (sept) d'imams. La naissance du prophète Mohammad inaugurait une période d'apogée, et celle du Messie devait donc être une neuvième période, celle du début du millenium, millénaire de la Résurrection. Or Hassan, *'âla dhikrihi s-salâm*, anticipa en annonçant la Résurrection lors de la sixième période qui était une période de décadence.

L'homme veut me faire voir ce que la conception des millénaires peut avoir d'élastique et, de la même manière, les nouveaux Assassins de Bouteldja, dans leurs calculs, ont anticipé la fin du millenium et l'avènement du jugement dernier en fixant comme date la fin de l'année 1999, fin des sept cycles prophétiques de 7 000 ans, soit environ 50 000 ans. Un verset coranique ne dit-il pas à ce propos : « *Les anges et l'esprit remonteront vers Lui en un jour dont la valeur est de cinquante mille ans* » (Coran, LXX, 4), ajoute l'homme.

Ainsi, les âmes purifiées pourront-elles rejoindre l'Âme universelle, tandis que les âmes non élues se réincarneront pour un nouveau cycle de 7 000 ans, et les âmes mauvaises descendront d'un échelon jusqu'à atteindre l'enfer. La fin du millenium ne signifie pas le Jugement dernier, mais un jugement de fin de cycle au terme duquel un nouveau cycle verra le jour, avec la venue d'un nouvel Adam.

Ce nouvel Adam n'est visiblement pas l'homme malade que j'ai en face de moi.

Non, cet homme de dossiers veut me confier ses dossiers. Oui, à moi, descendant de Fâtima, protégé par ses soins et ceux de ses services de tout harcèlement judiciaire ou terroriste. Depuis le début. Moi, le populaire, l'intègre, crédible politiquement, et religieusement correct. Il y a des cassettes audio, vidéo, des rapports confidentiels, des notes internes, ainsi qu'un enregistrement vidéo de deux heures où lui-même témoigne, échafaude son propre bûcher, donne les noms des Assassins. Une liste de 5 995 *fidâ'îne* accompagne les documents, aux côtés d'une multitude d'organigrammes occultes. Indénombrable, indéchiffrable. L'homme évoque les siens, ceux qu'il trahit comme eux tous ont trahi Dieu et les hommes. Genèse du Cabinet noir, bouleversements de la structure militaire, chute programmée du clan présidentiel par l'Etat-major. La totale et définitive prise du pouvoir par les Assassins et le lancement d'un génocide jusqu'à l'entrée en 2000. D'où une élection présidentielle anticipée d'une année, pour le printemps 1999.

Alors que l'homme évoque la Troisième Intelligence, il corrige la lecture que je me faisais de la fausse démission de Chadli Bendjedid.

L'homme revient à la montée politique du FIS, au succès des thèses sunnites et salafistes au sein de la population. Mais ce parti, qui a aussi les faveurs du pouvoir, ne tarde pas à se retourner contre lui. À quelques années de l'accomplissement du millenium, le califat ultime vacille sur ses bases politiques. À la veille des élections législatives de juin 1991, les leaders du FIS sont roulés dans la farine par l'homme et son second, Smaïn Lamari, chef de la Sécurité intérieure. Ils encouragent Abbassi Madani et Ali Benhadj à occuper les places publiques en protestation contre la loi électorale, et pour renvendiquer la tenue d'élections anticipées. Ils leur promettent que l'armée basculera de leur côté et qu'ils entreront à la présidence par la grande porte, sous la forme collégiale du *majliss ech-choura*. Les troupes du FIS envahissent les rues, brandissent sabres et Corans, linceuls et savons — pour leur toilette mortuaire. La ville est paralysée, la victoire est proche. Quand, une nuit, à 2 heures du matin, l'armée charge les places publiques et donne l'assaut sur les manifestants plongés dans leur sommeil.

La répression durera plusieurs jours, des émeutes éclateront aux quatre coins du pays. Le gouvernement présentera sa démission, les chefs du FIS seront arrêtés. Les élections sont reportées au 26 décembre 1991. Le FIS, décapité, y participe. Comme prévu, il rafle la majorité des sièges. La panique envahit les rangs du parti avant même de gagner une partie de la population et l'appareil militaire. Les islamistes désertent déjà les villes, pour échapper à la répression annoncée. Une grande manifestation populaire est organisée pour l'entre-deux tours : son alibi, appeler à un sursaut électoral pour le second tour. Mais cette manipulation servira à l'État-major de l'armée pour cautionner la suspension du processus électoral à la « demande du peuple ». Le chef d'État-major est un dénommé Nezzar — déformation maghrébine de Nizâr, nom jadis emprunté à l'imam fondateur du schisme nizârite. Khaled Nezzar constitue alors la voûte militaire du Cabinet noir — il sera relayé bientôt par Mohammed Lamari. Il a été nommé à cette fonction suprême par Chadli Bendjedid, le 16 novembre 1988, au lendemain des émeutes populaires d'octobre ayant dérapé au-delà du seuil fixé. Il est promu général-major le 5 juillet 1990, avant d'hériter du portefeuille de ministre de la Défense le 25 juillet de la même année. Il avertit l'armée qu'il n'acceptera jamais l'arrivée au pouvoir d'un régime aux mains du FIS et que « si des événements graves se produisent, comme en octobre 1988, et mettent en péril la nation, l'Armée Nationale Populaire, respectueuse de ses missions, interviendra sans hésitation pour rétablir l'ordre et l'unité ». Ce qu'il fait en juin 1991, réinstaurant pour la deuxième fois l'état de siège à Alger, une fois accomplie la manipulation des généraux Smaïn Lamari et Tewfik, lui-même, l'homme qui me fait face, me parle, commente, m'explique cette Cinquième Intelligence.

En janvier 1992, Nezzar met en scène la démission, ou plutôt l'occultation de Chadli, retiré aujourd'hui dans sa résidence de Bousfer, dans l'Oranie, et toujours Imam de l'Ordre. Le FIS est dissous, le sunnisme vaincu, ses militants et sympathisants déportés dans des camps du sud. Il faut trouver un président crédible pour la période de transition. La communauté internationale peut couvrir la répression mais à la condition d'un acte politique fort. Il faut un civil, dont la légitimité historique et l'intégrité ne souffrent d'aucun doute. Autour de Khaled Nezzar, sont présents le général-major Abdelmalek Guenaizia en charge de la gendarmerie nationale, le général de corps d'armée Mohammed Lamari, et lui, Mohammed Abbas Mediene, dit Tewfik, décidément intarissable. Ce Cabinet noir doit trouver le plus vite possible un chef d'État sur mesure.

J'écoute l'homme. Il continue à raconter, expliquer. Et sa conversation me permet de tenir au moins l'une des promesses de ce livre, révéler la vérité sur l'affaire Boudiaf. Voilà les faits, tels qu'établis par lui.

« Un premier critère : l'élu doit être un ancien *moudjahid* avec un passage révolutionnaire irréprochable, une victime du régime de Chadli et même de Boumédiène si possible, aussi loin de tout clivage politique. Peu de candidats peuvent satisfaire à un tel cahier des charges. C'est presque par hasard que Nezzar évoquera le nom de Mohammed Boudiaf. Mais un problème de taille se pose : Boudiaf a abandonné la politique depuis bien longtemps et vit retiré au Maroc. Nous décidons alors de lui envoyer un de ses amis les plus proches, Ali Haroun.

« Au Maroc, Boudiaf, après la consultation de sa famille et d'un ami médecin, finit par accepter, informe le roi Hassan II qui prend cette nouvelle comme un don du ciel, eu égard à la crise du Sahara occidental. Pourquoi pas ? Les illusions sont les illusions.

« La nouvelle est vite rendue publique à Alger. Paris, Washington sont tenus informés et approuvent ce choix. Merci.

« À soixante treize ans, Boudiaf est loin de se douter de l'Algérie réelle qu'il retrouve. Le fait qu'il soit resté longtemps éloigné constitue pour lui un handicap majeur, mais pour nous un avantage certain. Néanmoins, Boudiaf se fait relativement vite à sa nouvelle vie, et légalise toutes les mesures sécuritaires prises pour briser le FIS. Il approuve nos décisions sans commentaires, du moins au début.

« Peu à peu Boudiaf commence à prendre certaines libertés et à essayer de s'entourer de proches et d'amis fidèles. Ses décrets ou nominations sont annulés ou contredits dans les faits. La marge de manœuvre demeure étroite. Il est sous écoute permanente et surveillé de très près. Ses contacts sont aussitôt identifiés et neutralisés si nécessaire par mes *fidâ'îne*. Tout aurait pu en rester là. Un idiot utile.

« D'un caractère têtu, Boudiaf achève de nous agacer en décidant de rejuger le général Belloucif, impliqué dans des affaires de corruption. Pour ce faire, il bénéficie de l'appui de Kasdi Merbah, ancien chef de la SM sous Boumédiène. La réouverture de ce dossier avec ses différentes extensions peut malheureusement amener à la barre Chadli Bendjedid et Larbi Belkheir.

« Une affaire mineure, stupide, rien au vu de nos véritables crimes. En réalité, tout a commencé par un projet de couverture radar du territoire algérien présenté par Larbi Belkheir pour le compte du gouvernement français. Le projet a été refusé par Mustapha Belloucif, alors secrétaire général du ministère de la Défense, et aussi par bon nombre d'officiers supérieurs, à cause de son coût prohibitif, de son inutilité et aussi de la mise sous tutelle qu'il impliquait. Belloucif nous privait de juteuses commissions. Imaginez, le contrat s'élevait à plus d'un milliard de dollars !

« Pour cela, il a été officiellement limogé par Chadli pour corruption et mauvaise gestion. L'arroseur arrosé ! Les preuves ont été offertes à Larbi Belkheir par nos amis français — détail de ses comptes bancaires à l'étranger, vidéos compromettantes le montrant avec des Libanaises à la solde de Washington, et autres détails sur les bénéfices cachés de ses nombreux placements.

« Dans sa grande naïveté, Boudiaf n'est pas au courant des tenants et aboutissants de cette affaire qu'il tient à rendre publique dans ses moindres détails. Des fautes, Boudiaf en a commis, mais cette fois, c'est la guerre. Pourtant il ne désarme pas. Il charge ses proches d'une mission : nettoyer le pouvoir de toutes les personnes corrompues et juger les coupables publiquement. Kasdi Merbah, encore une fois, lui présente un dossier faramineux de plus de trois cents pages sur les activités de certains des nôtres.

« Boudiaf ne le sait pas, mais il s'est attaqué au millenium. Il choisit alors, pour cette mission de nettoyage, un officier supérieur des services de la DRS, proche de Merbah et révolutionnaire de la première heure, le colonel Mourad. Pareillement un idiot, mais lui parfaitement inutile.

« Pour eux, il s'agit de procéder dans les règles, c'est-à-dire par les moyens qu'offrent la loi et la constitution. Sachant de plus que les personnes mises en cause possèdent des comptes en Suisse et en France particulièrement, où l'argent part dans des circuits de blanchiment ou se transforme en biens immobiliers, ils veulent en récupérer au moins une partie. Boudiaf ne se rend pas compte qu'il s'attaque à notre trésor : environ 65 milliards de dollars épargnés en douze ans. Il contacte alors les plus hautes autorités françaises pour s'assurer de leur soutien. Quelques jours après que Khaled Nezzar a difficilement accepté de signer leur ordre de mission, le colonel Mourad et trois de ses collaborateurs se rendent à Paris. Il sont reçus par leurs homologues à Matignon. Le but du voyage est d'avoir des détails sur les comptes bancaires de certains hauts fonctionnaires algériens. J'ai eu communication de leur liste : Larbi Belkheir, Nourdine Benkourtbi, Mohammed Atailia, Cherif Ouadani, Khaled Nezzar, Mustapha Belloucif et bien d'autres. Bien vu, mais inutile. Trop tard.

« Il est temps d'opter pour la solution radicale. Une semaine après son retour de Paris, le colonel Mourad est retrouvé mort à Bachdjarah avec trois balles dans le cou. Un attentat terroriste, non ? Des trois autres militaires qui l'ont accompagné en France — deux capitaines et un lieutenant — aucun ne survivra, abattus eux aussi dans la quinzaine qui suit. Toujours des terroristes, non ? Il auront droit aux honneurs militaires — j'y ai personnellement veillé.

« Au début du mois de juin 1992, lors d'une réunion nocturne, Khaled Nezar, Larbi Belkheir et moi-même, nous convenons de la liquidation physique du président. Il a choisi de mourir, nous allons l'exaucer.

« Le scénario islamiste n'est pas retenu, cette fois ; il n'aurait pu garantir une discrétion absolue, et le résultat aurait été des plus incertains face à l'efficacité des éléments du SSP — service de la sécurité présidentielle — et du GIS — groupe d'intervention speciale. La seule manière d'obtenir un résultat fiable était une opération montée de l'intérieur, un tireur isolé qui agirait de son propre chef — pour une raison ou une autre —, identifié plus tard comme un déséquilibré mental, ce qui permettrait de classer l'affaire.

« La solution de Smaïn Lamari prend forme peu à peu avec ma bénédiction, celle de Nezzar et Belkheir. L'escadron de la mort qui est sous sa tutelle, notre cellule fantôme millénariste en fait, pourra facilement liquider tous les témoins et les éléments gênants du réseau Boudiaf. La liste est longue, mais Smaïn est un homme prompt à exterminer ses adversaires.

« Un par un.

« Le choix par Smaïn du sous-lieutenant Boumaraâfi ne laissera rien au hasard. Il a déjà remarqué la froideur de cet élément et sa discrétion lors de précédentes opérations. Très vite, il lui donne des premières directives sans citer la cible, l'incitant à rejoindre l'escadron de la mort pour purifier la patrie des traîtres qui veulent détruire tout le pays. Encore une victime de l'attraction du millenium, mais qu'y puis-je ?

« La veille de l'opération un problème de dernière minute va presque tout gâcher. Le commandant Hammou en charge du GIS n'a pas désigné le sous-lieutenant Boumaârafi pour la mission de Annaba, émettant des réserves quant à son efficacité. Mais il finit par céder devant l'insistance de son chef, Smaïn.

« Le jour de la visite, les éléments du GIS sont en complète intégration avec ceux du SSP, n'ayant aucune restriction de périmètre de sécurité, les éléments des deux corps, surentraînés, se connaissent très bien.

« Dans les moments qui précèdent l'arrivée du Président, les caméras de la télévision sont mises en place, le discours du Président sera télédiffusé en direct. Comme sa mort. Derrière le rideau, l'ambiance est sereine. Le commandant Hadjeres du SSP discute et fume une cigarette avec le commandant Hammou du GIS. Il y a également le capitaine Zaïdi, sous-directeur du SSP, le capitaine Sadek, responsable de la formation au sein du SSP, et le lieutenant Torki, chef de mission de l'équipe du GIS. Au niveau de l'accès arrière se tient le lieutenant Yacine, adjoint-chef de mission du GIS, et dans l'arrière-cour le sous-lieutenant Boumaârafi est censé veiller.

« Le discours commence et l'attention de la salle se porte sur Mohammed Boudiaf, lorsqu'une explosion, précédée d'un bruit de roulement, retentit. Son dernier mot aura été « islam ». Boumaârafi vient de dégoupiller sa grenade et de la faire rouler sous le rideau. Il surgit au même moment, tirant une première rafale qui fait diversion dans le milieu du système de protection. Les éléments du SSP et du GIS croient à une attaque extérieure en voyant Boumaârafi tirer. Mais celui-ci braque son pistolet-militaire — un beretta de calibre 9 mm Parabellum — à bout portant de la tête de Boudiaf, ne lui laissant aucune chance. La panique gagne le service d'ordre. Boumaârafi fuit vers l'accès arrière où est posté le lieutenant Yacine, sans même que ce dernier comprenne ce qui se passe.

« Après avoir traversé l'arrière-cour au pas de course, Boumaârafi enjambe un mur qui donne sur la rue. Il court vers l'immeuble le plus proche et, au rez-de-chaussée, il frappe à la porte du premier appartement. Une jeune femme lui ouvre : elle croit à une descente de police. Boumaârafi la somme d'appeler la sécurité et de dire que le tueur du Président tient à se rendre. Il sera arrêté à cette adresse. Nous allons prouver que nous sommes dans un État de droit. Il a échappé à la mort prévue. Mais au fond, tant mieux. Le meurtre n'est pas toujours une fin en soi.

« Mohammed Boudiaf est très gravement atteint, une décérébration aiguë due aux nombreuses balles ayant touché le cerveau. À Alger, Smaïn Lamari appelle le GLAM — Groupe de liaison aérienne ministériel — afin qu'on lui affrète un appareil, puis il prend contact avec Mohammed Ouadeh, chef de la Police nationale, lui demandant de le rejoindre avec une équipe. Quelques heures plus tard, il arrive à Annaba et s'entretient avec les commandants en charge de la sécurité présidentielle. Il entreprend de rassurer les officiers en ces termes : "C'est un acte isolé, vous ne pouviez rien faire". Il leur est ensuite ordonné de rentrer sur Alger. Accompagné de Hadjeres, Hammou et Ouadeh, Smaïn se rend alors à la Sûreté de la Wilaya où Boumaârafi est détenu. Lorsqu'il le voit, le sous-lieutenant bondit de sa chaise et hurle : "*Djît ya ouâhed ech-mâta, râk ferhâne hakda ?*" ("Tu es venu, espèce d'ordure, tu es satisfait maintenant ?"). On le mène sans attendre au service des urgences de l'hôpital où le médecin-colonel Koutchoukali, chef du service psychiatrique, l'examine et lui administre un calmant. Il ne se laisse pas faire, éructant : "Vous voulez me tuer, vous voulez me faire taire." Une fois endormi il est conduit à la prison du Q.G. pour y passer sa première nuit. Boudiaf, lui, a été rapatrié sur Alger. Il ne survivra pas. Notre objectif est atteint. Boumaârafi est devenu un Assassin malgré lui.

« La commission nationale d'enquête est instaurée le 4 juillet 1992 par le Haut Comité d'État qui « dirige » le pays depuis l'occultation de notre *Qâ'im*. Les membres de la commission d'enquête ont été triés sur le volet par nos soins. *In fine*, elle remettra le rapport pour lequel elle a été créée, se contentant de désigner les boucs émissaires sélectionnés là encore par nous. Comme prévu.

« À deux exceptions près, toutefois. L'avocat et militant des droits de l'homme, Youssef Fethellah, refusera jusqu'à la dernière minute de signer le document final. Un an et demi plus tard, travaillant à la rédaction de son propre rapport sur l'affaire, il sera assassiné dans son cabinet du centre-ville d'Alger. Pauvre Fethellah : il croyait tant à la vérité. Son départ de ce monde restera-t-il à jamais déguisé ?

« Le juge d'instruction d'Annaba déclare l'incompétence de la juridiction civile face à ce dossier qui est du ressort militaire. Mais le directeur central de la justice militaire, Mohammed Elalem, affirme à la presse que l'affaire est du ressort de la juridiction civile. Et, peu après, le tribunal d'Annaba est déclaré territorialement compétent par la Chambre d'accusation. Il faut en effet que l'affaire soit civile, vis-à-vis d'une population déjà prête à dénoncer le complot. Nous voulons la transparence, n'est-ce pas ? Elle nous préserve mieux que tout.

« La reconstitution des faits est en conséquence fixée à la première semaine du mois d'août 1992. Les équipes du SSP et du GIS se rendent à Annaba, où Boumaârafi a été conduit par avion quelques jours plus tôt. Surprise, à la fin de la reconstitution qui a duré plus de cinq heures, le juge annonce l'arrestation des membres du SSP et du GIS. Comme prévu encore une fois. L'occasion est trop belle de les épurer et de les infiltrer davantage. Le commandant Hadjeres demande à me passer un coup de fil. Je lui demande de se plier à la loi. Un langage nouveau que le commandant du SSP n'a jamais entendu de sa vie ! Ils sont conduits menottes aux mains vers le poste de gendarmerie, et toujours comme prévu, placés dans une même grande cellule, nus ou presque. Au total, deux officiers supérieurs — le commandant Hadjeres, chef du SSP, et le commandant

Hammou, chef du GIS —, trois officiers subalternes (le capitaine Zaidi, adjoint chef du SSP, le lieutenant Torki, chef de groupe et le lieutenant Yacine, adjoint chef de groupe) et dix-huit autres sous-officiers en plus du prévenu principal : Boumaârafi. Tous tués ou presque, des enfants sacrifiés. Mais il y en a eu d'autres et il y en aura d'autres. Quand les familles des officiers m'ont recontré, je leur ai dit : “Ils continueront à recevoir normalement leurs soldes.” Oui, normalement, c'est le mot que j'ai utilisé.

« L'instruction de l'affaire traîne à Annaba et, pour noyer le dossier, nous décidons de le transférer à Alger. Le juge chargé de l'instruction prend mal la décision et démissionne de son poste. Il est obligé de revenir sur sa décision sous peine de représailles. Les menaces de mort ne sont pas tombées sur lui mais sur sa famille. Plus efficace, toujours plus efficace contre la tentation de l'héroïsme.

« Au tribunal d'Alger, nous confions le tout à Abdelmalek Sayeh, un ancien agent des services et à Mohammed Saâda, un juge de seconde classe mais connu pour son honnêteté et chargé d'assister Sayeh afin de rendre le tout crédible. Sayeh doit sauver l'avenir, c'est-à-dire le millenium, et sera récompensé pour cela, car la main qui maudit sait aussi bénir ceux qui la servent.

« Lorsque les prévenus débarquent à l'aéroport militaire de Boufarik, sous escorte, les employés ont de la peine à en croire leurs yeux. Des zombies ? Mais ils l'étaient auparavant. Le millenium révèle inexorablement leur vraie nature aux êtres. Les détenus sont transférés à la prison civile de Serkadji. Sauf que Boumaârafi y est placé en isolement et sous surveillance vidéo permanente. Une pression salutaire. Lorsque Kasdi Merbah apprend que les sous-officiers ne peuvent pas s'offrir d'avocats, il charge son propre conseil de les défendre. Ce qui n'est pas une bonne nouvelle. Ni pour moi, ni pour lui. Qui vient, à son tour, de signer son arrêt de mort.

« J'ai alors l'idée d'obtenir une confession vidéo de Boumaârafi. Les conditions d'enregistrement sont très tendues et Boumaârafi ne veut absolument pas coopérer. Il ne cesse de faire des commentaires sur ses conditions de détention et ses craintes d'être assassiné pour qu'il se taise. L'idiot ! Ce n'est qu'après avoir reçu de force une injection de calmant qu'il se rend à la salle d'enregistrement. La séance sera une vraie catastrophe. Les réponses de Boumaârafi n'ont aucun sens. Il insulte, crache, sanglote. Il n'est digne ni de sa mission, ni de nous. Mais il survivra. Le temps qu'il faudra pour satisfaire l'opinion.

« Nouveau problème. Le ministre de la Justice, Mahi Bahi, convoque Sayeh pour le dessaisir du dossier. Ce dernier, toujours fidèle, ne perd pas de temps et se rend directement à Ghermoul, siège de la direction du contre-espionnage, au bureau de Smaïn. Un seul coup de téléphone réglera le problème. Le même jour, au journal de 20 heures, la démission du ministre est annoncée, à la surprise du ministre lui-même.

« Ultime problème. Une question posée à Boumaârafi par la Commission d'enquête restait sans réponse : "Pourquoi n'êtes-vous pas resté sur les lieux du crime après votre acte, et pourquoi vous êtes-vous rendu dix minutes après au service de police ?" Réponse : le sergent chef Kamel Aidoun. Il a fait partie de l'équipe d'Annaba et a failli à sa mission. Celle-ci était claire. Les ordres reçus une semaine avant l'assassinat venaient de Smaïn Lamari : « Suite à des soupçons qui entourent la loyauté de Boumaârafi, tu as carte blanche pour le liquider à la moindre faute. »

Pour plus de sécurité, un autre sous-officier était chargé de la même mission, mais cet élément a mis son frère dans la confidence quelques jours après le meurtre du Président. Lui et son frère ont été arrêtés, torturés, liquidés. Les bavards ont toujours fait du tort à leurs proches, n'est-ce pas ? Kamel Aidoun, pour sa part, a déserté. Sa fuite fut de courte durée. Il est mort abattu par des éléments de la Police nationale, comme traître à l'Algérie.

« Le bilan de l'opération Boudiaf est donc lourd : plus d'une vingtaine de personnes au total ont été liquidées suite à mes ordres pour préserver l'Ordre, sans oublier l'assassinat de Kasdi Merbah qui avait décidé de rendre publiques les raisons de l'assassinat de Boudiaf. Khaled Nezzar n'est pas parvenu à le convaincre de fournir les dossiers qu'il avait en sa possession. Le chef du bureau de sécurité à l'ambassade d'Algérie en Suisse, le commandant Samir, a finalement récupéré les dossiers en question, remis à mes services par un parent du défunt Merbah. En juin 1995, Lembarek Boumaârafi a été condamné à la peine capitale. Mais il coule des jours tranquilles à la prison militaire de Blida, l'exécution de sa peine étant suspendue pour le moment. Décider de la mort, c'est aussi décider de la vie. »

Je regarde l'homme, essoufflé, le regard vitreux, qui appartient déjà à l'autre monde, celui fait des supplications de ses victimes. Il ne demande pas pardon. Et qui suis-je pour qu'il le fasse devant moi. Il veut seulement que le monde sache la légende des Assassins, y ajouterait peut-être des condoléances aux familles.

Je le regarde. Une nuit que nous parlons. Cette nuit, combien d'Algériens a-t-elle vus tomber ?

TROISIÈME PARTIE

En-noûr
(la lumière)

Le 1er octobre 1997, le Cabinet noir obtenait la reddition de l'AIS qui décréta une trêve unilatérale. La victoire sur le FIS puis sur sa branche armée était totale. Aujourd'hui, les différents groupes de l'AIS sont autant de forces supplétives à celles, combinées, de l'armée, la gendarmerie et les milices gouvernementales. L'ensemble de ces forces encadrent les hordes du GIA, emmenées par des commandos de la mort millénaristes, et leur permettent enfin de s'adonner aux grands massacres du millenium.

Ces commandos ne se distinguent en rien des groupes islamiques armés, avec lesquels ils ont fusionné en juillet 1993. Ils ont été créés par l'ancien chef de cabinet de Chadli Bendjedid, le général Larbi Belkheir, et sont commandés par le général Smaïn Lamari, l'adjoint-directeur de Tewfik au sein de la DRS. Ils frapperont notamment dans l'Algérois, avec deux cent cinquante morts à

Bentalha, plus de six cents à El-Raïs. Tout comme Hassan *'âla dhikrihi es-salâm* fit exécuter deux de ses fils, les frères désormais tuent les frères.

La montée en puissance s'affirmera durant le mois de ramadhan de janvier 1998, avec les grands massacres de l'Ouarsenis ; plusieurs centaines de victimes chaque semaine. En septembre de la même année, les manœuvres du Cabinet noir autour de la présidence aboutissent. Le président Zeroual annonce une élection présidentielle anticipée pour 1999. En octobre, son ministre et conseiller le général Betchine, puis le ministre de la Justice, démissionnent à la suite d'une série de scandales politico-financiers et judiciaires révélés par la presse « indépendante ». J'ai déjà dit tout cela. Est-il utile d'ajouter que les massacres continuent, et que les accords de concessions pétrolières au prix fort sont bloqués sur vingt années ? Le millenium meurt dans la mort d'un peuple. Et les Assassins appellent à l'Apocalypse.

Hawaz m'est témoin que je suis le plus grand des Assassins. Je suis arrivé à Paris le 3 décembre 1997. On sait dans quelles circonstances. Après avoir signé un contrat d'édition pour le recueil de mes chroniques d'*El Watan*, je m'apprêtais à étudier les précieuses pièces à conviction pour rédiger un document accusateur, dont le titre provisoire était : *L'Explication.* Je me promenais dans Paris sous une lumière qui glaçait la Seine, lorsque je fus attiré par un attroupement sur le Pont-Neuf. Sous des banderoles « Halte aux massacres en Algérie », « Demande d'une enquête internationale sur les massacres », un collectif d'associations tractait des passants pour la plupart indifférents. Je m'accoudai et laissai errer mon regard sur la lente progression des péniches et des bateaux-mouches. Le mercure de l'eau se stria de bleu, d'abord imperceptiblement, puis en un mouvement plus ample. Deux cercles ovoïdes se dessinaient à la surface de l'eau grise, se coloraient d'un scintillement azur. Une sorte de courant circulaire s'affolait sous mes yeux, dessinait d'autres yeux, autour desquels, dans un éblouissement soudain, un visage prit forme. Ce visage, Abdeslam me l'avait suffisamment peint lors de son récit des années Beaux-Arts : Ludmila, oui, l'insondable modèle au regard indéchiffrable, s'élevait des eaux, et où que je tourne les yeux, les siens me fixaient. Plus rien en dehors de cette profusion de lumière n'existait, et je serais incapable de dire combien de temps je restai sur ce pont, annihilé dans cette apparition, et comment se fit la communication avec Hawaz. Ce que je sais, c'est que, durant cet instant, je suis devenu fou ou Assassin. Entre perception extrasensorielle et psychose hallucinatoire. Ou alors suis-je simplement coupable d'être croyant.

Pour la seconde fois, Hawaz revenait sous les traits de Ludmila.

Mais, cette fois, l'ange est révolté. Oui, l'un des huit anges placés à la circonférence d'*El-Arsh El-Muhît*, le Trône divin qui entoure tous les mondes. Hawaz me le décrit, figure circulaire, avec une périphérie et un centre appelé *er-rûh*, l'âme, ou *en-noûr*, la lumière. Quatre anges sont situés aux quatre points cardinaux, les quatre autres aux points intermédiaires. Les noms de ces huit anges sont formés par autant de groupes de lettres, prises en suivant l'ordre de leur valeur numérique, de telle sorte que l'ensemble de ces noms comprend la totalité des lettres de l'alphabet. Ces lettres nous les retrouvons disséminées dans le Coran, en début de Sourate, mais leur sens est toujours demeuré énigmatique.

La distribution des lettres et des noms des anges est la suivante — tenant compte des voyelles qui n'ont pas de valeur numérique et sont représentées en minuscules :

Aux quatre points cardinaux :

À l'Est A B J a D ;

À l'Ouest H A w A Z ;

Au Nord H a T a Y ;

Au Sud K a L M a N.

Aux quatre points intermédiaires : S a A F a Ç ; Q a R S h a T ; T h a K h a D h ; D a Z a G h.

Chacun de ces deux ensembles de quatre anges contient exactement la moitié de l'alphabet, soit 14 lettres ; la valeur de la première moitié de l'alphabet est la somme de celles des quatre premiers noms : 10 + 18 + 27 + 140 = 195. De même, celle de la seconde moitié est la somme de celles des quatre derniers noms : 300 + 1000 + 1800 + 2700 = 5800. La valeur totale de l'alphabet entier est : 195 + 5800 = 5995.

Qui sait décliner ce nombre avec son analyse et ses règles angélologiques connaît le nom caché de Dieu. Seuls les ismaéliens nizarites d'Alamût avaient accédé à cette science, à l'issue des recherches de Hassan Sabbâh. Hassan *'âlâ dhikkrihi es-salâm* bascula du côté obscur de cette force, usant du nom de Dieu pour décréter le millenium, en fabriquant le sceau étoilé conçu sur la base arithmétique du nombre secret, 5995, remarquable par sa symétrie ; sa partie centrale est 99, nombre des noms attributifs d'Allah, sauf le nom caché, accessible par l'ésotérisme. Il est le cœur du sceau étoilé. Quant aux chiffres extrêmes, ils forment 55, somme des 10 premiers noms. Les deux 5 correspondent aux deux étoiles à cinq branches — les cinq piliers de l'islam, sous leur forme exotérique et ésotérique — qui, une fois encastrées, forment l'étoile à six branches des Assassins. Mais le cœur du sceau est, nous l'avons vu, 99 ; donc : 9 + 9 = 18. Ajouté au 5 + 5 = 10 des deux étoiles, nous obtenons la valeur numérique des deux premiers noms. Le second est Hawaz et, en apposant le sceau, les Assassins pouvaient le convoquer, en user comme ils en voulaient. Ce fut ainsi que, sous les traits de Ludmila, l'ange dut accomplir sans doute la plus anodine de ses missions : simuler un viol pour exécuter le premier volet de la *fatwa* destinée à Elyas.

Mais, aujourd'hui, Hawaz rompt son contrat avec les Assassins. Et sans doute avec le Créateur, coupable de laisser le mal user de forces dévolues au bien. Second à s'être révolté, anti-lucifer se fondant dans la lumière, l'ange m'a convaincu de détruire les documents remis par Tewfik. Les révéler aurait accompli la prophétie des Assassins.

Hawaz écarte la dernière pellicule séparant l'apparent du caché. *En-noûr* m'ébouit. L'Ange m'a aussi enseigné qu'à la fin de l'année 1999, un cataclysme pourrait mettre fin à l'ultime cycle prophétique de 7 000 ans, celui de Hassan *'âlâ dhikrihi es-slâm*, réincarné en Chadli Bendjedid, Imam du Temps des *abnâ eddâ'wa el-djedida*, les enfants de la Nouvelle Prédication nizarite. Les Assassins avaient, sous le règne de Hassan, prédit pour l'année 1999 deux éclipses, de lune et de soleil, au lendemain desquelles un cataclysme engloutirait le Bassin méditerranéen, centre des civilisations égyptienne, grecque, juive, turque, musulmane, latine, chrétienne. L'étude de la faille du fond de la

Méditerranée, l'écartement progressif entre l'Afrique et l'Europe font naître aujourd'hui autant de grandes inquiétudes soigneusement cachées aux peuples concernés. L'Institut d'Océanographie de Monte-Carlo, qui se préoccupe des variations de l'écartement entre les deux continents, a constaté depuis longtemps que les prédictions millénaristes, rapportées en Europe par les Croisés semblaient correspondre à des données scientifiques contemporaines. La Bible également, saint Jean prédisent une grande catastrophe mondiale au cours de laquelle le tiers des terres et le tiers des hommes doivent disparaître. Les éclipses auront en effet lieu comme prédit. Le 28 juillet de l'année 1999, à 10 heures, il y aura une éclipse totale de lune dans l'hémisphère Sud. Le centre de la bande d'obscurité se déroulera au niveau du 13e degré — 4 minutes de latitude Sud, de la longitude + 5 heures 20 minutes (Sri Lanka) jusqu'à la longitude — 6 heures 28 minutes (près de l'île Galapagos dans le Pacifique). Le 11 août suivant, à 11 heures 23 minutes, une éclipse totale de soleil aura également lieu dans l'hémisphère Nord. La bande d'ombre se déroulera de la vallée de l'Indus jusqu'au golfe du Mexique. La ligne centrale de cette seconde éclipse suivra le 33e degré 34 minutes de latitude Nord. De part et d'autre de cette ligne, la zone d'ombre fera une bande de 15 degrés, et sera visible depuis l'Afrique du Nord, la Méditerranée, l'Espagne, la France, l'Italie, la Grèce.

Ces éclipses, ce double règne d'une force obscure, l'humanité entière en sera témoin. Si le cataclysme a effectivement lieu à la date prédite, par quelles motivations les Assassins installèrent-ils un califat clandestin en 1978 ?

La réponse tient à leur ésotérisme.

L'an 1978 se situe 21 ans avant 1999. Ces chiffres 2 et 1 sont les chiffres clés de l'ésotérisme de la secte. 1 est le chiffre divin, celui de l'unité, de Dieu comme réalité éternelle unique. Le 2 est le chiffre par lequel il procéda à la création ; l'essence divine créa l'Intellect — êtres et événements futurs — et l'Âme universelle — âmes et Matière première. Les correspondances alphabétiques de ces deux chiffres sont le *âlif* (A) et le *bâ* (B) : *âlif* pour Allah, et *bâ* pour bismillah — au nom de Dieu), formule qui ouvre le Coran et ordonne la Création, tout comme le *Bereshit* de l'Ancien Testament. Le nombre 21 signifie un *exit* du 2 de la Création vers le 1 de l'unité divine. Donc ces 21 années sont les années de la déconstruction et de la fin du cycle dans lesquels les Assassins de Bouteldja se devaient d'instaurer le califat ultime.

Au terme de ces vingt et une années, la secte doit s'autodissoudre, dans la tradition des sectes millénaristes, afin d'appeler l'Apocalypse. Cette dissolution doit s'établir selon un protocole rigoureux. Les Assassins doivent faire en sorte qu'une personne extérieure à la secte découvre son activité clandestine et y mette fin en la dénonçant auprès des autorités orthodoxes. Cette dernière entité a, dans son sens moderne, rapport à l'Organisation des Nations unies. Cette personne doit être d'une lignée chérifienne — descendant du prophète — et fatimide. Elle doit également avoir un rôle connu et crédible dans la société. En ces derniers mois de millenium, le chef institutionnel du pays doit également consacrer la puissance des Assassins et répondre à cette condition : son nom doit commencer par la lettre B et s'achève par A, le *Alif* d'Allah, le Créateur. Fidèles jusqu'au bout à la pratique ésotérique du *tâ'wil el bâtin* d'Alamût, les Assassins unirent ainsi leurs forces autour de Bouteflika.

Des élucubrations ? Une parabole ? Mais toute explication est une interprétation. Si je suis devenu fou, écoutons alors d'autres « fous ».

Le 20 mars 1999, El Hachemi Cherif, *leader* de gauche et chef spirituel de groupes d'autodéfense, déclarait : « La crise algérienne n'est pas à proprement parler économique, sociale, de légitimité du pouvoir, d'identité... La crise qui dépasse ces crises et en même temps les enveloppe, c'est la crise de l'État algérien, de son caractère hybride qui a atteint ses limites. La phase dans laquelle nous nous trouvons nous donne à voir qu'il est impossible d'échapper à la contradiction principale : la théocratie ou la démocratie. »

Mais il y aurait danger à ce que les paraboles se fassent involontairement plaidoyer, par exemple, en faveur des islamistes armés ? Écoutons alors une autre confession, celle d'un ancien membre du GIA : « En 1991, nous étions différents groupuscules armés, formés dans les années quatre-vingts : le groupe de Bouyaâli dans la Mitidja, celui de Hattab à Djidjel, ainsi que de nombreux vétérans de la guerre d'Afghanistan. Notre unification à été réalisée par Nouredine Slamna, le véritable premier émir du GIA, abattu dès janvier 1992, au lendemain de l'attaque du siège de la gendarmerie de Beni-Merad. Son successeur fut un homme du milieu, surnommé Moh Léveilley, qui dirigea le premier attentat contre des policiers à Alger, rue Bouzrina. Parallèlement, montaient deux autres groupes : celui d'Ahmed El Wada, théologien formé au Pakistan, et celui de Mansouri Melliani qui mena l'attaque de l'Amirauté d'Alger. En octobre 1992, Laâyada devenait le nouvel émir ; il rassembla tous les groupes, avant d'être arrêté au Maroc en juillet 1993. Aïssa Benameur lui succéda.

« Ce même mois, à Chréa, avec la complicité active du Cabinet noir, nous devions mener la première opération d'envergure contre l'armée algérienne. Le bilan ? Une soixantaine de militaires abattus, mais surtout deux RPG, quatre SMPK, quarante-trois Kalachnikovs et deux radios de campagne récupérés.

« À compter de cette date, nous avons répandu la mort aisément, là où on nous le disait, quand on nous le disait. Mais aussi de nombreuses fois par nous-mêmes.

« En ce temps, je bénissais Dieu de nous ouvrir la voie vers la justice. Aujourd'hui, je me maudis de n'avoir été qu'un idolâtre, bras armé de la pire des hérésies, celle des Assassins. »

Il n'y a pas deux totalitarismes, politique et religieux, se découvrant des intérêts communs et la même foi en l'extermination. Ils sont un, de la même essence, pétris dans la même argile, gorgés du même sang.

C'est pourquoi je suis donc deux fois coupable. Partout, d'ailleurs, je ne vois que des coupables. Les uns font sans rien savoir. Les autres savent sans rien faire. J'aurais uni en moi cette double culpabilité, et aussi dois-je doublement me taire.

Dans mon exil parisien, grâce à l'avance reçue pour le livre que je n'écrirais pas, j'ai pu louer un deux pièces de style hausmannien. Avec une charmante cheminée. Les documents, tous les documents entre mes mains pleines de sang, ont disparu en fumée. Parfois, le sentiment sourd de cette culpabilité me prend à la gorge. Fer contre gorge. Je m'interroge alors : et si le meurtre était l'ultime moyen d'en revenir à Dieu ? et si le meurtre était le prix à payer pour que la Bête en vienne à se dévorer elle-même ? et si le meurtre était le seul accès à une ère nouvelle ? Mais le plus souvent, lorsque abruti d'avoir trop regardé CNN, j'éteins le téléviseur et me penche vers la fenêtre, contemple la rue, je sais qu'en fait l'Apocalypse n'est pas devant nous mais qu'elle est derrière nous, non pas à venir mais passée, qu'elle a eu lieu, et que la meilleure preuve en est que nous l'ignorons tous.

Achevé d'imprimer en mars 1999
sur presse Cameron
par ***Bussière Camedan Imprimeries***
à Saint-Amand-Montrond (Cher)

Imprimé en France
Dépôt légal : mars 1999.
N° d'édition : 99121. N° d'impression : 991541/4.